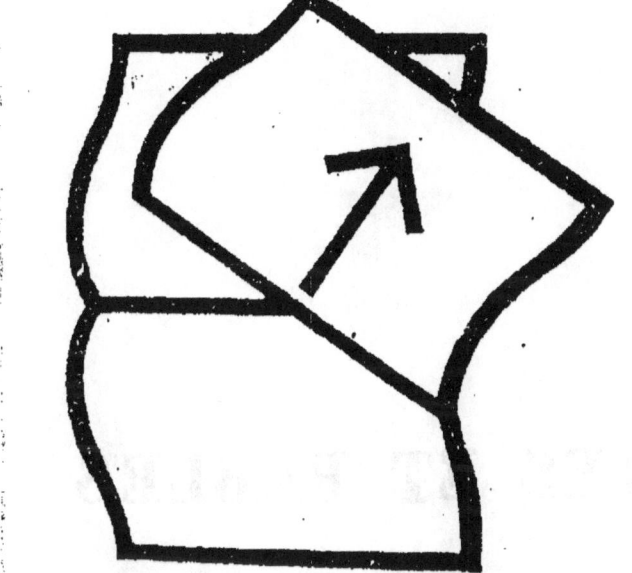

Couvertures supérieure et inférieure manquantes

RELIURE SERRÉE
Absence de marges intérieures

VALABLE POUR TOUT OU PARTIE
DU DOCUMENT REPRODUIT

CONTES ET FABLES

L'auteur et les éditeurs déclarent réserver leurs droits de traduction et de reproduction à l'étranger.

Ce volume a été déposé au ministère de l'intérieur (section de la librairie) en juillet 1888.

Cte LÉON TOLSTOÏ

CONTES ET FABLES

TRADUIT AVEC L'AUTORISATION DE L'AUTEUR

PAR

E. HALPÉRINE-KAMINSKY

PRÉCÉDÉ D'UNE PRÉFACE DE L'AUTEUR

PARIS
LIBRAIRIE PLON
E. PLON, NOURRIT ET Cie, IMPRIMEURS-ÉDITEURS
RUE GARANCIÈRE, 10
—
Tous droits réservés

POUR ÊTRE LU AVANT LE LIVRE

Ce livre contient, en même temps que la description d'événements qui se sont passés réellement, des fables, des légendes, des contes choisis parmi tous ceux que l'on a écrits pour moraliser les hommes.

Nous avons pris ceux que nous croyons conformes à la doctrine du Christ, et que, par cette raison, nous considérons comme bons et véridiques.

Beaucoup de personnes, et surtout les enfants, en lisant une histoire, un conte, une légende, une fable, se demandent, tout d'abord, si la chose est vraisemblable; et souvent, s'ils voient que ce qu'on leur raconte n'a pu arriver, ils se disent alors : C'est une simple invention, ce n'est pas vrai!

Les gens qui jugent ainsi ont tort.

La vérité sera dévoilée, non pas à celui qui se contente de savoir si telle chose est arrivée ou peut arriver, mais à celui qui comprend ce que doit être la vie, selon la vérité de Dieu.

La vérité sera dévoilée non pas par celui-là qui dira comment telle chose s'est passée, ce qu'a fait celui-ci ou celui-là, mais par celui qui montrera comment les hommes agissent bien, c'est-à-dire, selon la volonté de Dieu, ou mal, c'est-à-dire, contre la volonté de Dieu.

La vérité, c'est la voie! Le Christ a dit :

— Je suis la voie, la vérité et la vie!

Donc, ce n'est pas l'homme qui regarde à ses pieds qui découvrira la vérité, mais celui qui suit sa route, en prenant pour guide le soleil.

Toutes les œuvres écrites sont bonnes et utiles, non quand elles décrivent ce qui est, mais quand elles enseignent ce qui doit être; non quand elles racontent comment vivent les hommes, mais quand elles distinguent le bien du mal, quand elles montrent la seule route droite, conforme à la volonté de Dieu, qui conduit à la vie.

Et pour montrer cette route, il ne suffit pas de décrire ce qui existe dans le monde, car le monde s'agite dans le mal et dans la tentation. Si tu décris le monde tel qu'il existe, tout ce que tu diras ne sera que mensonge, et la vérité ne sera point dans tes paroles. Pour que la vérité éclate dans tes écrits, il te faut dépeindre non pas ce qui est, mais ce qui doit être;

non pas la réalité telle qu'elle est, mais la vérité du royaume de Dieu, vers laquelle nous devons tendre, bien qu'elle nous dépasse encore bien souvent.

Voilà pourquoi il y a des montagnes de livres où l'on vous entretient de ce qui est arrivé ou de ce qui peut arriver; mais ces livres ne sont que mensonges, si ceux qui les écrivent ignorent eux-mêmes ce qui est bon, ce qui est mauvais, et ne savent pas montrer l'unique voie qui conduit au royaume de Dieu. Il arrive au contraire qu'on trouve des contes, des fables, des allégories, des légendes où sont décrites des choses merveilleuses qui ne se sont jamais passées et qui ne se passeront jamais, et qui cependant sont vraies, parce qu'elles montrent en quoi consiste la volonté de Dieu et où réside la vérité du royaume de Dieu.

Sans doute il doit exister des livres et beaucoup de romans, d'histoires où l'on décrit comment l'homme vit pour ses passions, souffre, fait souffrir, court des dangers, connaît le besoin, ruse, lutte, parvient à sortir de la misère, finit par se réunir à l'objet de son amour et devient riche, puissant, heureux.

De tels livres, quand bien même ils ne renfermeraient rien qui ne se fût réellement passé, — ce qui n'aurait rien d'invraisemblable, — seraient cependant mensongers et faux, car l'homme qui vit pour lui, pour ses passions, possédât-il la plus belle femme du monde, fût-il aussi riche, aussi puissant qu'on puisse l'être, ne peut pas se dire heureux.

D'autre part, il peut exister une légende où l'on raconte que le Christ et les apôtres parcourant le monde entrèrent un jour chez un riche qui ne voulut point les recevoir, puis chez une pauvre veuve qui les accueillit; et il ordonna alors à un tonneau d'or de rouler vers le riche et envoya chez la pauvre veuve un loup qui mangea son dernier veau; cependant la veuve se trouva heureuse malgré tout, tandis que le riche ne le fut point.

Une pareille histoire est tout à fait invraisemblable, car rien de tout cela ne s'est jamais passé, n'a pas pu se passer; néanmoins, elle est la vérité, car on y montre ce qui doit être toujours notre règle de conduite, ce qui est bien, ce qui est mal, et où doit tendre l'homme pour accomplir la volonté de Dieu.

Qu'importe donc le caractère merveilleux d'un récit! Laissons le fauve emprunter le langage de l'homme, et les êtres humains obéir à des forces invisibles;

quoique invraisemblables, ces légendes, ces allégories et ces contes seront cependant toujours la vérité, s'ils recèlent la vérité du royaume de Dieu.

Mais si cette vérité ne s'y trouve pas, bien que tout ce qu'ils renferment soit déclaré vrai, ils ne seront toujours que mensonges, parce que la vérité de Dieu n'y est pas.

Le Christ lui-même s'exprimait en paraboles qui sont restées pour toujours la vérité; il ajoutait seulement :

— Donc, observez comme vous m'entendez!

CONTES ET FABLES

COMMENT EMELKA POUGATCHEV
ME DONNA UNE PIÈCE D'ARGENT

HISTOIRE VRAIE

J'avais alors huit ans, et nous habitions notre propriété située dans le gouvernement de Kazan.

Je me rappelle que mon père et ma mère étaient très-inquiets et parlaient souvent de Pougatchev, mais ce n'est que plus tard que j'appris ce qu'était ce brigand de Pougatchev. Il se faisait passer pour le tzar Pierre III; il avait réuni une grande quantité de bandits sous ses ordres, et ceux-ci pendaient les nobles, tandis qu'ils libéraient les serfs. On disait qu'il était déjà avec sa bande tout près de chez nous. Mon père avait l'intention de partir à Kazan, sans nous emmener, nous autres enfants, car on était en novembre, le froid était très-vif et les routes dangereuses. Mes parents firent donc leurs préparatifs de voyage, en promettant de ramener des Cosaques de la ville pour nous protéger.

Ils partirent, et nous restâmes seules, ma sœur et moi, avec notre niania, Anna Trofimovna ; mais, pendant leur absence, nous logeâmes toutes dans la même chambre, au rez-de-chaussée.

Je me rappelle qu'un soir, la niania berçait ma sœur dans ses bras, et marchait de long en large ; la petite avait mal au ventre, et moi, j'habillais ma poupée.

Notre fille de service, Paracha, et la

femme du sacristain étaient assises près de la table et s'entretenaient de Pougatchev, en prenant du thé. J'écoutais, tout en habillant ma poupée, les horreurs qu'elles racontaient.

— Je me souviens, disait la femme du sacristain, que Pougatchev vint un jour à quarante lieues de chez nous, pendit le barine à la porte cochère, et tua tous les enfants.

— Mais, comment ces assassins pouvaient-ils tuer ces enfants? demanda Paracha.

— Ah! voilà, ma petite mère : ils prenaient les enfants par les pieds et les frappaient contre le mur.

— Assez donc! Raconter de pareilles horreurs devant un enfant! Va donc, Katinka, va dormir, c'est l'heure.

Et j'allais aller me coucher, quand

tout à coup nous entendîmes frapper à la porte cochère; les chiens aboyèrent, et des voix crièrent.

La conteuse et Paracha coururent pour voir et revinrent aussitôt, en criant :

— C'est lui! c'est lui !

La niania oublia que ma petite sœur avait mal au ventre; elle la jeta sur le lit et fouilla les malles. Elle en retira d'abord un petit sarafan, me déshabilla complétement, me déguisa en paysanne et me mit un mouchoir sur la tête; puis elle me dit :

— Écoute! si l'on te demande qui tu es, dis que tu es ma fille, entends-tu ?

A peine fus-je habillée que nous entendîmes, en haut, un bruit de bottes, comme si plusieurs personnes marchaient.

La conteuse accourut :

— C'est lui! c'est lui qui est venu! Il

ordonne qu'on tue des brebis, et il réclame du vin et des liqueurs.

Anna Trofimovna répondit : — Donne tout, mais ne dis pas que ce sont les enfants du barine, dis qu'ils sont tous partis, et que celle-ci est ma fille.

On ne dormit pas de la nuit, des Cosaques entraient à chaque instant chez nous.

Mais Anna Trofimovna n'avait pas peur d'eux ; aussitôt qu'il en entrait un, elle lui disait :

— Que te faut-il, mon pigeon ? nous n'avons rien ; il n'y a ici que des petits enfants et moi, vieille femme.

Vers le matin, je m'endormis, et lorsque je me réveillai, j'aperçus un Cosaque dans une pelisse de velours vert, et Anna Trofimovna qui lui faisait de grands saluts.

Il montra ma sœur et demanda :

— A qui cette enfant ?

Anna Trofimovna répondit :

— C'est l'enfant de ma fille. En partant avec mes maîtres, elle me l'a confiée.

— Et celle-ci ? reprit-il en me désignant.

— C'est aussi ma petite-fille.

De la main, il me fit signe d'approcher. J'eus peur ! Mais voilà qu'Anna Trofimovna me dit :

— Va, Katiouchka[1], n'aie pas peur !

Je m'approchai ; il prit ma joue et dit à Anna :

— Vois-tu, comme elle est blanche et quelle beauté ce sera ! — Il tira de sa poche une poignée de pièces blanches, en prit une de dix kopeks et me la donna.

— Voilà, dit-il, garde-la en souvenir du Tzar. Et il sortit.

Il resta chez nous encore deux jours,

[1] Diminutif de Katherine.

mangeant, buvant, cassant tout, mais ne brûlant rien; enfin il partit.

Lorsque mes parents revinrent, ils ne surent comment remercier la bonne Anna Trofimovna. Ils lui offrirent de l'affranchir; mais elle refusa et resta jusqu'à sa dernière heure avec nous.

Pour moi, on m'appela depuis ce temps la fiancée de Pougatchev.

Quant à la pièce qu'il me donna, je l'ai gardée, et lorsque je la contemple, je me souviens de mon jeune âge et de la bonne Anna Trofimovna.

LE JUGE HABILE

CONTE

L'émir d'Alger, Baouakas, voulut se rendre compte par lui-même si l'on n'exagérait pas, en lui affirmant que dans une ville de la province se trouvait un juge d'une habileté extraordinaire qui reconnaissait infailliblement la vérité, au point que pas un fripon ne pouvait lui donner le change.

Baouakas se déguisa donc en marchand, et se rendit dans la ville où habitait le juge.

A l'entrée de cette ville, un estropié s'approcha de l'émir et lui demanda l'aumône.

Baouakas lui donna quelque chose et allait continuer sa route, lorsque l'estropié le saisit par les vêtements.

— Que veux-tu? lui demanda l'émir;

est-ce que je ne t'ai pas fait l'aumône?

— Tu m'as bien fait l'aumône, reprit le mendiant, mais fais-moi encore la grâce de m'emmener sur ton cheval jusqu'à la place de la ville, car les chameaux et les chevaux pourraient m'écraser.

Baouakas prit en croupe le mendiant, et ils arrivèrent ainsi sur la place.

Là, il arrêta son cheval, mais le mendiant ne descendit pas.

— Pourquoi restes-tu là? lui demanda l'émir; descends, nous sommes arrivés.

— Et pourquoi descendrais-je? reprit le mendiant, ce cheval est à moi. Si tu ne veux pas me le laisser de plein gré, allons trouver le juge.

La foule se formait autour d'eux; on écoutait leur discussion.

— Allez chez le juge! leur criait-on, il vous mettra d'accord.

Baouakas et le mendiant se rendirent donc chez le juge.

La foule se pressait au tribunal; le juge appelait à tour de rôle tous ceux qu'il devait juger.

Avant que le tour de l'émir vînt, le juge appela devant lui un savant et un moujik. Tous deux disputaient à propos d'une femme.

Le moujik affirmait que c'était sa femme, et le savant prétendait que c'était la sienne.

Le juge, après les avoir entendus, garda un instant le silence, puis il dit :

— Laissez la femme chez moi, et vous, revenez demain.

Quand ceux-ci furent partis, entrèrent un boucher et un marchand d'huile. Le boucher était tout couvert de sang, et le marchand portait des taches d'huile.

Le boucher tenait dans sa main de l'argent, et le marchand tenait la main du boucher.

Le boucher disait :

— J'ai acheté de l'huile chez cet homme, et je tirais ma bourse pour le payer, lorsqu'il me saisit la main pour me voler de l'argent, et nous sommes venus devant toi, moi tenant ma bourse et lui me tenant la main.

— Non, l'argent m'appartient, et lui, c'est un voleur!

— Ce n'est pas vrai! répondit le marchand d'huile; le boucher vint m'acheter de l'huile, et il me demanda de lui changer une pièce d'or; je pris l'argent et je le mis sur le comptoir, il s'en empara et allait s'enfuir, alors je le saisis par la main et l'amenai ici.

Après un silence, le juge répondit :

— Laissez l'argent chez moi, et revenez demain.

Quand le tour de Baouakas et du mendiant arriva, l'émir raconta comment la chose s'était passée; le juge l'écouta, puis il demanda au mendiant de s'expliquer.

— Tout cela n'est pas vrai, reprit celui-ci. Moi, j'étais à cheval et je traversais la ville, quand il me demanda de le prendre en croupe et de le conduire sur la place. Je le fis monter sur mon cheval et je le conduisis là où il voulait se rendre; mais il refusa de descendre, en disant que le cheval était à lui; ce qui n'est pas vrai!

Après un nouveau silence, le juge dit :

— Laissez le cheval chez moi, et revenez demain.

Le lendemain, une grande foule se réunit pour connaître les décisions du juge.

Le savant et le moujik s'approchèrent les premiers.

— Prends la femme! dit le juge au savant, et qu'on donne au moujik cinquante coups de bâton.

Le savant prit sa femme, et le moujik subit sa punition devant tout le monde.

Puis le juge appela le boucher.

— L'argent est à toi, lui dit-il, et, désignant le marchand d'huile : Qu'on lui donne cinquante coups de bâton, ajouta-t-il.

Alors vint le tour de Baouakas et de l'estropié.

— Reconnaîtrais-tu ton cheval entre vingt autres? demanda le juge à l'émir.

— Je le reconnaîtrais.

— Et toi?

— Moi aussi, dit l'estropié.

— Suis-moi, fit le juge à Baouakas.

Ils se rendirent à l'écurie; l'émir reconnut aussitôt son cheval parmi vingt autres.

Puis, le juge appela l'estropié dans l'écurie et lui ordonna de désigner le cheval.

Le mendiant reconnut le cheval et le désigna. Alors, le juge revint à sa place, et dit à Baouakas :

— Le cheval est à toi, prends-le !

Puis il fit donner cinquante coups de bâton au mendiant.

Après cette dernière exécution, le juge s'en retourna chez lui, et Baouakas le suivit.

— Que me veux-tu ? lui demanda le juge. Serais-tu mécontent de mon jugement ?

— Du tout, j'en suis fort satisfait, répondit l'émir ; seulement je voudrais savoir comment tu as su que la femme était au savant et non pas au moujik, que l'argent était au boucher plutôt qu'au marchand d'huile, et que le cheval m'appartenait.

— Voilà comment j'ai su la vérité quant à la femme du savant : je l'appelai le matin chez moi et je lui dis : « Verse de l'encre dans mon encrier. » Elle prit l'encrier, le nettoya vivement et adroitement, et l'emplit d'encre ; donc, elle était habituée à cette besogne. Si elle eût été la femme du moujik, elle n'eût pas su s'y prendre. Je jugeai par là que le savant avait raison.

Quant à l'argent, voilà comment j'appris la vérité. J'ai mis l'argent dans une cuvette pleine d'eau et j'ai regardé ce matin s'il surnageait de l'huile. Or si l'argent avait appartenu au marchand d'huile, celui-ci l'aurait taché au contact de ses mains huileuses ; comme l'eau restait claire, l'argent était au boucher.

Pour le cheval, c'était plus difficile.

Le mendiant reconnut aussi vite que toi son cheval parmi les vingt autres. D'ailleurs, je ne vous ai soumis tous deux à cette épreuve que pour voir lequel de vous le cheval reconnaîtrait. Quand tu t'es approché de ton cheval, il a tourné la tête de ton côté, tandis que lorsque le mendiant l'a touché, il a baissé l'oreille et levé une jambe. Voilà comment j'ai reconnu que tu étais le vrai propriétaire du cheval.

Alors Baouakas lui dit :

— Je ne suis pas un marchand, je suis l'émir Baouakas. Je suis venu ici pour voir si ce que l'on dit de toi est vrai. Je vois, maintenant, que tu es un sage et habile juge. Demande-moi ce que tu voudras, je te l'accorderai.

— Je n'ai pas besoin de récompense, répondit le juge; je suis assez heureux, déjà, des compliments de mon émir.

COMMENT LE MOUJIK PARTAGEA L'OIE

CONTE

Un pauvre moujik n'avait plus de pain; il se décida à demander quelque chose au barine.

Pour ne pas se présenter devant lui les mains vides, il prit une oie, la fit rôtir et la lui porta.

Le barine prit l'oie et dit au moujik :

— Je te remercie, moujik, de cette oie; seulement je ne sais pas comment la partager. J'ai une femme, deux fils et deux filles. Comment s'arranger pour que chacun soit content ?

Le moujik dit :

— C'est moi qui vais faire le partage.

Il prit le couteau, coupa la tête et dit au barine :

— Tu es la tête de la maison, prends la tête.

Puis, coupant le derrière de l'oie, il le donna à la barinia :

— Tu dois, dit-il, t'asseoir et rester à la maison ; c'est à toi que revient ce morceau.

Après, il coupa les deux pattes, les donna aux deux fils, et leur dit :

— Vous êtes les pieds, vous devez marcher sur les traces de votre père.

Et coupant les ailes, il les offrit aux deux filles et ajouta :

— Quant à vous, voici les ailes, car vous vous envolerez bientôt de la maison.

Et désignant ce qui restait, il dit : « Ceci est pour moi ! »

Le barine sourit, et donna au moujik du pain et de l'argent.

Un riche moujik, apprenant que le barine avait donné de l'argent et du pain à un moujik pour une oie, fit rôtir cinq oies et les porta au barine.

Le barine dit :

— Merci pour les oies ! mais je suis bien embarrassé, car avec ma femme et mes enfants, nous sommes six ; comment partager ces cinq oies entre nous ?

Le riche moujik réfléchissait et ne pouvait rien trouver.

Le barine envoya chercher le pauvre moujik, et lui ordonna de faire le partage.

Le pauvre moujik prit une oie pour le barine et la barinia, et dit :

— Vous voilà trois ensemble avec cette oie.

Il en donna une autre aux fils, et leur dit :

— Vous serez trois avec cette oie.

Puis, il donna l'autre aux filles.

—Et vous aussi, dit-il, vous serez trois.

Alors il prit les deux oies qui restaient et ajouta :

— Et nous aussi, nous restons trois !

Le barine sourit, donna encore de l'argent au pauvre moujik, et renvoya le riche.

TROIS AMIS

Un homme avait trois amis : son argent, sa femme et ses bienfaits. Étant sur le point de mourir, il les envoya chercher tous les trois pour leur faire ses adieux.

Il dit au premier qui se présenta :

— Adieu, ami, je meurs!

L'ami lui répondit :

— Adieu; lorsque tu seras mort, je ferai brûler un cierge pour le repos de ton âme.

Le deuxième vint, lui fit ses adieux et lui promit de l'accompagner jusqu'à la tombe.

Enfin, le troisième arriva.

— Je meurs! lui dit le mourant, adieu!

— Ne dis pas adieu, lui répondit l'ami, je ne me séparerai pas de toi : si tu vis, je vivrai; si tu meurs, je te suivrai!

L'homme mourut; l'argent lui donna un cierge, sa femme l'accompagna jusqu'à la tombe, et ses bienfaits le suivirent dans la vie et dans la mort.

LE MOUJIK ET LE CHEVAL

C'était pendant la guerre; on fuyait devant l'ennemi.

Un moujik alla dans la prairie et dit à son cheval :

— Suis-moi bien vite, ou les ennemis te prendront.

— Je ne te suivrai pas, répondit le cheval, je ne serai pas plus mal chez les ennemis : il m'est indifférent de travailler pour toi ou pour eux.

LES RICHESSES QUE DIEU DONNE
A L'HOMME

Un homme, mécontent de son sort, se plaignait de Dieu : — Le bon Dieu, disait-il, envoie aux autres des richesses, et à moi ne me donne rien ! Comment puis-je débuter dans la vie, ne possédant rien ?

Un vieillard entendit ces paroles et lui dit :

— Es-tu aussi pauvre que tu crois ? Dieu ne t'a-t-il pas donné la jeunesse et la santé ?

— Je ne dis pas non, et je puis être fier de ma force et de ma jeunesse.

Le vieillard prit alors la main droite de l'homme et lui demanda :

— Voudrais-tu te laisser couper cette main pour mille roubles ?

— Non, je ne le voudrais certes pas !

— Et la main gauche ?

— Celle-là non plus.

— Et consentirais-tu à devenir aveugle pour dix mille roubles ?

— Que Dieu m'en préserve ! je ne voudrais pas donner un œil pour la plus forte somme !

— Vois, ajouta le vieillard, quelles richesses Dieu te donne, et cependant tu te plains !

LE TZAR ET LA CHEMISE

Un tzar, se trouvant malade, dit :

— Je donnerai la moitié de mon royaume à celui qui me guérira !

Alors, tous les sages se réunirent et se concertèrent pour guérir le tzar, mais ils ne trouvèrent aucun moyen.

Un d'entre eux, cependant, déclara qu'on pouvait guérir le tzar.

— Si l'on trouve sur terre un homme heureux, dit-il, qu'on lui enlève sa chemise et que le tzar la mette, il sera guéri.

Le tzar fit rechercher dans le monde un homme heureux. Les envoyés du tzar se répandirent par tout le royaume, mais ne découvrirent pas celui qu'ils cherchaient. Il ne se trouva pas un homme qui fût content.

L'un était riche, mais malade; l'autre était bien portant, mais pauvre; un troisième, riche et bien portant, se plaignait de sa femme; celui-ci, de ses enfants; tous désiraient quelque chose.

Un soir, le fils du tzar, passant devant

une pauvre chaumière, entendit quelqu'un s'écrier :

— Grâce à Dieu, j'ai bien travaillé, j'ai bien mangé, je vais me coucher; que me manque-t-il ?

Le fils du tzar fut rempli de joie; il ordonne qu'on aille tout de suite enlever la chemise de cet homme, qu'on lui accorde en échange tout l'argent qu'il exigera, et qu'on envoie sa chemise au tzar.

Les envoyés se rendirent en hâte chez cet homme heureux et voulurent lui enlever sa chemise, mais l'homme était si pauvre qu'il n'avait pas de chemise.

DEUX MOUJIKS

Deux moujiks se rencontrèrent; l'un revenait de la ville, et l'autre s'y rendait.

Leurs traîneaux s'accrochèrent :

L'un d'eux cria : — Laisse-moi passer ! il faut que je me rende vite à la viile !

Et l'autre reprit :

— C'est toi qui dois me céder la place, il faut que je rentre à la maison.

Ils crièrent longtemps. Enfin un troisième moujik, témoin de leur querelle, leur dit :

— Celui de vous qui est le plus pressé doit se retirer en arrière.

LA PUCE ET LA MOUCHE

CONTE

La puce et la mouche se rencontrèrent; la puce revenait de la campagne, et la mouche allait à la ville.

La puce regarda la mouche et ne la reconnut pas, toute sèche, le ventre plat et les pieds longs.

La mouche s'étonna aussi de l'état de la puce, tout aplatie et bossue.

— Bonjour, lui dit la puce, d'où viens-tu?

— Je viens de la ville, répondit la mouche.

— Et pourquoi es-tu devenue si sèche? ajouta la puce.

— Parce que, reprit la mouche, on ne vit pas bien là-bas.

— Et pourquoi cela?

— On y est trop propre; on entre dans une riche maison, et l'on se dit : Voilà où je vais bien me nourrir. Mais le repas terminé, deux domestiques arrivent qui enlèvent tout, en mangent une partie, et ce qui reste sur la table est lavé, nettoyé. D'autres fois, on va chez un pauvre; il n'a pas toujours de quoi manger pour lui-même, mais, malgré cela, il est propre : on lave chez lui la moindre chose. Alors, je me suis décidée à quitter la ville, je vais de nouveau à la campagne; là du moins, si la nourriture est plus simple, la vaisselle n'est pas si bien lavée. Eh bien, et toi, petite tante, comment vis-tu là?

— Oh! répondit la puce, cela ne va pas non plus à la campagne; les gens dorment peu et deviennent très-maigres; on saute sur le banc, ou sur le poêle, et l'on ne trouve rien à manger; si, par hasard, on mord sur quelque chose, vite les gens se lèvent, courent aux champs où ils passent parfois les nuits. Alors, je vais à la ville; peut-être trouverai-je plus facilement à me nourrir là-bas.

— Va! va! ma petite, ce séjour convient à ta profession; tu y trouveras des gens très-gras et qui dorment jusqu'à midi. Je me suis trouvée un jour avec une puce, elle avait tellement sucé la chair des barines qu'elle pouvait à peine se traîner.

— Alors, adieu! dit la puce, j'aurai peut-être la même chance; comment ne trouverais-je pas à bien vivre, là où il n'y a que des dormeurs?

La puce sauta jusqu'à la ville, et la mouche vola du côté de la campagne.

LE LOUP ET L'ÉCUREUIL

FABLE

L'écureuil sautant d'une branche à l'autre tomba un jour sur un loup endormi.

Le loup le saisit et voulut le dévorer.

L'écureuil le supplia de l'épargner.

— C'est bien, dit le loup, je t'épargnerai, mais à la condition que tu me diras pourquoi vous êtes, vous, écureuils, toujours si gais. Moi, je m'ennuie toujours, tandis que vous, je vous vois jouer et sautiller sans cesse.

L'écureuil répondit :

— J'ai peur de toi, je n'ose parler; laisse-moi sauter sur la branche, et je te le dirai.

Le loup le lâcha.

L'écureuil sauta sur l'arbre, et, de là, lui dit :

— Tu t'ennuies toujours, parce que tu es méchant, la cruauté dessèche le cœur. Nous, nous sommes gais parce que nous sommes bons, et que nous ne faisons de mal à personne.

IL VAUT MIEUX MONTRER L'EXEMPLE QUE COMMANDER.

Un vieux moine demandait à l'archevêque s'il devait commander à ses frères qui vivaient avec lui dans la communauté.

— Non, répondit l'archevêque Pimen ; non, prêche par l'exemple, ils verront et ils obéiront d'eux-mêmes.

— Mais eux-mêmes désirent qu'à titre de doyen, je les commande.

— Je ne te le conseille pas, reprit l'archevêque; sois pour eux l'exemple, et non le dictateur; tout ira bien, tout sera ponctuellement exécuté; et, malgré tous les obstacles, personne ne se plaindra.

L'HABIT NEUF DU TZAR
CONTE

Un tzar aimait fort les habits somptueux et ne pensait qu'à se parer le mieux possible.

Un jour, deux tailleurs vinrent chez lui et lui dirent :

— Nous pouvons te faire un habit si beau que personne n'en a jamais possédé de pareil; seulement, celui qui est sot ou qui n'est pas à la hauteur de ses fonctions ne peut pas distinguer notre habit. Celui qui est intelligent le verra parfaitement, tandis que celui qui est sot restera à côté sans le voir.

Le tzar se réjouit à cette proposition des tailleurs, et commanda l'habit.

On donna une pièce de drap aux tailleurs pour travailler, et on leur apporta du velours, de la soie, de l'or, enfin tout ce qu'il faut pour confectionner un habit.

Huit jours s'écoulèrent; le tzar envoya son ministre s'informer si le nouvel habit était prêt.

Le ministre arriva et demanda l'habit aux tailleurs, qui lui répondirent qu'il était prêt, en lui désignant une place vide.

Le ministre, sachant que celui qui était sot et indigne de son emploi ne pouvait voir l'habit, feignit de le voir, et les complimenta.

Le tzar se fit apporter l'habit. On le lui apporta, et on lui désigna une place vide.

Le tzar feignit à son tour de voir le nouvel habit; il ôta celui qu'il portait et ordonna qu'on le revêtit de ce riche habit.

Quand le tzar sortit pour se promener par la ville, tout le monde voyait que le souverain ne portait pas d'habit, mais chacun craignait de le dire, — sachant que les sots seuls n'avaient pas le don de voir le nouvel habit, — et chacun pensait que lui seul ne le voyait pas, mais que les autres plus heureux pouvaient le voir.

Ainsi se promenait le tzar, à travers la ville, et tous ses sujets admiraient son nouvel habit.

Tout à coup, un innocent aperçut le tzar et s'écria :

— Regardez! Le tzar se promène, dans la ville, déshabillé!

Et le tzar sentit la honte le gagner, et tout le monde comprit qu'il n'avait réellement pas d'habit.

LE LION ET LE RENARD
CONTE

Un lion, devenant vieux et ne pouvant plus chasser, eut recours à la ruse.

Il rentra dans sa tanière, feignit d'être malade, et fut bientôt visité par les animaux de la forêt.

Le premier qui pénétra dans la tanière fut dévoré par le lion.

Le renard comprit la ruse, se mit à

l'entrée de la tanière, et dit au lion :

— Eh bien, lion, comment vas-tu?

— Je ne vais pas bien, répondit le lion; mais pourquoi n'entres-tu pas?

— Je n'entre pas, dit le renard, parce que, si j'en juge par ces traces, beaucoup sont entrés, mais peu sont sortis.

L'INDIEN ET L'ANGLAIS

HISTOIRE VRAIE

Les Indiens firent un jeune Anglais prisonnier; ils l'attachèrent à un arbre et voulurent le tuer.

Un vieil Indien s'approcha et dit :

— Ne le tuez pas, donnez-le-moi!

On le lui laissa. Le vieil Indien détacha

le jeune homme, l'emmena dans sa cabane, le fit manger, et lui donna l'hospitalité pour la nuit.

Le lendemain matin, l'Indien ordonna à l'Anglais de le suivre; ils marchèrent longtemps, et lorsqu'ils furent près du camp anglais, l'Indien dit au jeune homme :

— Les tiens ont tué mon fils; moi, je te sauve la vie; retourne près d'eux. Va, et continuez de tuer les nôtres.

L'Anglais parut surpris et répondit :

— Pourquoi te moques-tu de moi? je sais que les miens ont tué ton fils, tue-moi donc au plus vite !

L'Indien alors reprit :

— Quand on voulait te tuer, je me suis rappelé mon fils, et cela m'a ému; je ne me joue donc pas de toi; va chez les tiens, et tue-nous, si tu veux.

Et l'Indien laissa partir l'Anglais.

LES PÊCHES

Le paysan Tikhon Kouzmitch, revenant de la ville, appela ses enfants.

— Regardez, mes enfants, leur dit-il, quel cadeau l'oncle Ephim vous envoie!

Les enfants accoururent, et le père ouvrit un petit paquet.

— Voyez les jolies pommes, s'écria Vania, jeune garçon de six ans; regarde, maman, comme elles sont rouges!

— Non, ce ne sont probablement pas des pommes, dit Serguey, le fils aîné; vois leur peau, on dirait qu'elle est recouverte de duvet.

— Ce sont des pêches, dit le père, vous n'avez pas encore vu de pareils fruits; l'oncle Ephim les a cultivées dans la serre, car il prétend que les pêches ne poussent que dans les pays chauds, et que, chez nous, on ne peut les récolter que dans les serres.

— Et qu'est-ce qu'une serre ? demanda Volodia, le troisième fils de Tikhon.

— Une serre, c'est une grande maison dont les murs et le toit sont vitrés.

L'oncle Ephim m'a expliqué qu'on la construit ainsi pour que le soleil puisse réchauffer les plantes. L'hiver, au moyen d'un poêle particulier, on maintient la température au même degré.

Voilà pour toi, femme, la plus grosse pêche, et ces quatre-là sont à vous, enfants.

— Eh bien, demanda Tikhon, le soir même, comment trouvez-vous ces fruits ?

— Ils ont un goût si fin, si savoureux, répondit Serguey, que je veux planter le noyau dans un pot; il en poussera peut-être un arbre qui se développera dans l'isba.

— Tu serais peut-être un bon jardinier; voilà maintenant que tu songes à faire pousser des arbres, reprit le père.

— Et moi, reprit le petit Vania, je l'ai trouvée si bonne, la pêche, que j'ai demandé à maman la moitié de la sienne; mais le noyau, je l'ai jeté!

— Toi, tu es encore tout jeune, dit le père.

— Vania a jeté le noyau, dit le second fils, Vassili; moi, je l'ai ramassé et je l'ai cassé; il était bien dur; il y avait dedans une amande qui avait le goût de la noix, mais plus amer. Quant à ma pêche, je l'ai vendue dix kopeks; elle ne valait d'ailleurs pas davantage.

Tikhon hocha la tête :

— C'est trop tôt pour toi de commencer à faire du commerce ; tu veux donc devenir un marchand ? Et toi, Volodia, tu ne dis rien ! Pourquoi ? demanda Tikhon à son troisième fils qui se tenait à l'écart ; ta pêche avait-elle bon goût ?

— Je ne sais pas ! répondit Volodia ?

— Comment, tu ne sais pas ? reprit le père... tu ne l'as donc pas mangée ?

— Je l'ai portée à Gricha, répondit Volodia ; il est malade, je lui ai raconté ce que tu nous as dit à propos de ce fruit, et il ne faisait que contempler la pêche ; je la lui ai donnée, mais Gricha ne voulait pas la prendre ; alors, je l'ai posée près de lui, et je me suis enfui.

Le père mit la main sur la tête de son fils et lui dit :

— Dieu te la rendra.

POURQUOI
UN MOUJIK AIMA SON FRÈRE AINÉ

HISTOIRE VRAIE

J'aimais déjà beaucoup mon frère aîné, mais je l'aime plus encore depuis qu'il m'a remplacé sous les drapeaux.

Voici comment la chose se passa :

Nous tirâmes au sort pour savoir lequel de nous partirait, le sort me désigna, et il y avait à peine huit jours que j'étais marié.

J'étais très-affligé d'être obligé de laisser ainsi ma jeune femme.

Ma mère se mit à pleurer et dit :

— Comment Pétrouchka[1] pourra-t-il partir ? Il est si jeune !

[1] Diminutif de Petr (Pierre)

Mais il n'y avait rien à faire; on procéda aux préparatifs du départ.

Ma femme me fit des chemises, me donna de l'argent, car je devais me rendre le lendemain au bureau de recrutement.

Ma mère se désolait, et moi, quand je songeais qu'il fallait partir, je sentais mon cœur se serrer comme si je devais aller à la mort.

Le soir, nous étions tous réunis pour le souper; personne ne mangeait; mon frère aîné, Nicolaï, restait couché sur le fourneau et ne disait rien. Ma jeune femme pleurait, mon père restait sombre, et ma mère avait posé sur la table la kacha, mais personne n'y touchait. Ma mère commença à appeler Nicolaï pour souper.

Il descendit, fit un signe de croix, s'assit à table et dit :

— Ne pleure pas, ma mère, je remplacerai Petrouchka; je suis plus âgé que lui, je ne serai peut-être pas perdu, je ferai mon temps, et je reviendrai à la maison. Quant à toi, Petr, pendant mon absence, protège mon père, ma mère, respecte ma femme!

Je devins très-gai à cette nouvelle, ma mère cessa de pleurer, et l'on commença les préparatifs du départ de Nicolaï.

Le lendemain, en m'éveillant, lorsque je songeai que mon frère allait partir pour moi, j'eus le cœur gros et je lui dis :

— Ne pars pas, Nicolas, c'est à moi de partir; le sort l'a voulu!

Lui ne répondit rien et continua de se préparer. Moi, je me préparai aussi.

Nous partîmes tous deux pour la ville. Arrivés au bureau de recrutement, il se présenta et je me présentai aussi.

Tous deux nous sommes de forts gaillards; nous restons, et l'on ne nous exempte pas.

Mon frère aîné me regarda, sourit et dit :

— Assez donc, Petr, retourne à la maison, et ne vous ennuyez pas sans moi, je pars de ma propre volonté.

Je fondis en larmes, et je revins à la maison. Depuis, quand je songe à mon frère, je sens que je suis prêt à donner ma vie pour lui.

LE PLUS BEL HÉRITAGE

FABLE

Un marchand avait deux fils : l'aîné était le préféré du père, qui voulait en faire son unique héritier.

La mère, qui déplorait l'injustice dont son fils cadet était victime, pria son mari de ne pas instruire ses fils de son intention. Elle voulait arriver à égaliser le sort des deux fils; le marchand consentit et ne leur parla pas de son projet.

Un jour, la mère était assise près de la fenêtre et pleurait; un pèlerin qui passait lui demanda la cause de ses larmes.

— Comment ne pleurerais-je pas? lui dit-elle; mes deux fils me sont également chers, mais leur père veut déshériter le cadet au profit de l'aîné. J'ai prié mon mari de ne pas en informer mes fils, espérant trouver un moyen de dédommager le cadet; malheureusement, je ne possède rien et je ne sais comment m'y prendre.

— Cela n'est pas difficile, dit le pèlerin; va déclarer à tes fils que l'aîné doit hériter de tout au préjudice de son frère;

le cadet n'aura rien, et ils seront pourtant aussi riches l'un que l'autre.

Lorsque le fils cadet sut qu'il n'avait rien à attendre, il partit pour l'étranger, où il apprit les sciences et différents métiers, tandis que l'aîné, restant auprès de son père, négligea de s'instruire, se sentant riche.

Lorsque le père mourut, son fils aîné, ne sachant rien faire, dissipa tout son bien, tandis que le cadet s'enrichit à l'étranger.

LES TROIS VOLEURS

HISTOIRE VRAIE

Un moujik conduisait un âne et un bouc au marché de la ville pour les vendre.

Un grelot était attaché au cou du bouc.

Trois voleurs aperçurent le moujik ; l'un d'eux dit :

— Je vais lui voler son bouc, et il ne s'en apercevra même pas.

Un autre voleur dit :

— Moi, après, je lui volerai son âne.

— Ce n'est pas difficile non plus, dit le troisième voleur ; quant à moi, je lui volerai tous ses vêtements.

Le premier voleur s'approcha furtivement du bouc, lui ôta son grelot, qu'il attacha à la queue de l'âne, et emmena le bouc.

Au détour de la route, le moujik se retourna, et, n'apercevant plus le bouc, se mit à sa recherche.

Alors, le second voleur aborda le moujik et lui demanda ce qu'il cherchait. Le moujik lui répondit qu'on lui avait volé son bouc.

— Je l'ai vu, ton bouc, reprit le voleur, il n'y a qu'un instant; un homme passait dans la forêt avec l'animal, tu peux encore le rattraper.

Le moujik courut à la recherche de son bouc et confia l'âne au voleur. Celui-ci s'empressa de fuir avec l'animal.

Quand le moujik revint, et qu'il vit que l'âne avait disparu, il se mit à pleurer et s'en alla tout droit devant lui.

Sur la route, près de l'étang, il rencontra un homme qui pleurait aussi; le moujik lui demanda ce qu'il avait.

L'homme lui raconta qu'on l'avait chargé de porter à la ville une sacoche pleine d'or, qu'il s'était endormi près de l'étang, et que, pendant son sommeil, la sacoche était tombée dans l'eau.

Alors, le moujik lui demanda pourquoi il ne se jetait pas à l'eau pour la chercher.

— Je crains l'eau, dit l'homme, et je ne sais pas nager; mais je donnerais bien vingt pièces d'or à celui qui me la retirerait.

Le moujik parut tout joyeux; il pensa :

— Dieu veut réparer la perte que j'ai faite de l'âne et du bouc. — Il se déshabilla, descendit dans l'eau, mais ne trouva pas la sacoche.

Quand il sortit de l'eau, ses habits avaient disparu.

C'était le troisième voleur qui l'avait volé.

COMMENT UN VOLEUR SE TRAHIT

HISTOIRE VRAIE

Un voleur entra la nuit dans le grenier d'un marchand ; il ramassa toutes les pelisses et toute la toile, puis il voulut descendre ; mais il fit un faux pas, s'accrocha à l'huisserie de la porte, et ainsi fit du bruit.

Le marchand, entendant du bruit au-dessus de sa tête, réveilla son domestique et monta avec lui au grenier.

Le domestique, encore tout endormi, dit au marchand :

— Il n'y a pas à chercher, il n'y a personne ; c'est peut-être un chat.

Malgré tout, le marchand monta.

Aussitôt que le voleur entendit venir quelqu'un, il remit tout en place et chercha une cachette; il aperçut un énorme ballot, derrière lequel il se cacha.

C'était du tabac en feuilles; il se couvrit de tabac, et, de cette cachette, vit les deux hommes qui se promenaient et causaient. Tout à coup le voleur éternua.

Le marchand dit :

— Je viens d'entendre un grand bruit!

Le domestique demanda :

— Mais qui est-ce qui peut faire ce bruit? Un chat peut-être, ou bien le Domovoï [1].

Le marchand passa près du tabac, ne vit rien et dit :

— En effet, je me suis trompé, il n'y a personne; eh bien, allons-nous-en alors!

Et le voleur, les voyant s'éloigner, pensa :

— Maintenant, je vais de nouveau

---

[1] Esprit malin.

tout ramasser, et je sortirai par la lucarne.

Tout à coup, le voleur sentit quelque chose lui chatouiller le nez, comprit qu'il allait éternuer et se couvrit la bouche de sa main, mais il ne put se retenir. Le marchand allait sortir, lorsqu'il entendit, dans le coin, quelqu'un qui éternuait : Tchi!... tchi!... atchi!...

Les deux hommes se retournèrent et attrapèrent le voleur.

LES DEUX CAMARADES
CONTE

Deux amis se promenaient dans la forêt; un ours surgit et se jeta sur eux.

L'un grimpa sur un arbre et se cacha, tandis que l'autre restait sur la route.

Il se laissa tomber par terre et feignit d'être mort.

L'ours s'approcha et flaira l'homme; mais comme celui-ci retenait son souffle, l'animal le crut mort et s'éloigna.

Quand l'ours fut loin, l'autre descendit de l'arbre et demanda en riant à son camarade :

— Qu'est-ce donc que l'ours te disait à l'oreille?

— Il me disait que celui qui abandonne son ami dans le péril est un lâche!

LES PUNAISES
CONTE

Je m'arrêtai, une nuit, dans une auberge pour m'y reposer. Avant de me coucher, je pris la bougie, et en examinant les coins du lit et des murs, je vis partout des punaises; je réfléchis alors au moyen de m'installer pour éviter ces vilains insectes.

J'avais un lit pliant, mais je savais que si je le plaçais au milieu de la chambre, les punaises descendraient le long des murs, et, par les pieds du lit, monteraient jusqu'à moi. Je priai donc l'aubergiste de me donner quatre coupes en bois; je mis de l'eau dans les coupes, et dans chacune d'elles je plaçai un pied du lit. Je me couchai, je mis la bougie par terre, et j'observai ce que faisaient les punaises.

Les insectes, me sentant, arrivaient en foule; je les vis courir sur le parquet, grimper au bord de la coupe; les unes tombaient dans l'eau, et les autres s'en retournaient.

— Je suis plus fin que vous! pensai-je; maintenant, vous ne m'atteindrez pas!

J'allais éteindre la bougie, lorsque je me sentis mordre. Je cherche, et je trouve une punaise. — Comment est-elle venue chez moi? me dis-je.

Un instant après, j'en sentis une autre. Je regardai attentivement autour de moi, ne comprenant pas comment elles pouvaient arriver jusqu'à moi, lorsqu'en regardant au plafond, j'en vis une qui s'y promenait, et lorsqu'elle fut au-dessus du lit, elle se laissa tomber. — Non, m'écriai-je, on ne peut pas être aussi rusé que vous l'êtes!

Puis, je mis ma pelisse et je sortis.

LES DEUX MARCHANDS

FABLE

Un pauvre marchand partant en voyage laissa tout son fer chez un riche marchand.

Quand il revint, il se présenta chez le dépositaire, pour reprendre sa marchandise.

Mais le riche marchand avait tout vendu, et, pour se tirer d'affaire, il lui dit :

— Il est arrivé malheur à ta marchandise.

— Et qu'est-il arrivé ?

— Je l'avais entassée dans le grenier, où il y a beaucoup de souris, et celles-ci ont rongé tout ton fer; je les ai vues; si tu ne me crois pas, viens voir toi-même !

Le pauvre marchand n'entama pas de discussion, et dit simplement :

— Il n'y a pas à regarder, je le crois ; je saurai désormais que les souris mangent le fer... Adieu !

Et le pauvre marchand s'en alla.

Dans la rue, il aperçut un petit garçon qui jouait ; c'était le fils du riche marchand ; il le caressa, le prit dans ses bras et l'emporta chez lui.

Le lendemain, le riche marchand rencontra le pauvre, et lui conta son malheur ; il lui apprit qu'on lui avait volé son fils, et lui demanda s'il n'avait rien vu ni entendu à ce sujet.

Le pauvre répondit :

— En effet, comme je sortais de chez toi, hier, j'ai aperçu un épervier qui s'abattait sur ton fils et l'emportait.

Le riche marchand se fâcha et dit :

— N'as-tu pas honte de te moquer de moi ? Est-ce qu'on a jamais vu un épervier emporter un enfant ?

— Non, je ne ris pas ; il n'est pas surprenant qu'un épervier emporte un enfant, quand des souris peuvent manger cent pouds de fer... Tout est possible !

Alors, le riche marchand comprit et dit :

— Non, les souris n'ont pas mangé ton fer ; je l'ai vendu et je te rembourserai le double de sa valeur.

— S'il en est ainsi, l'épervier n'a pas emporté ton fils, et je vais te le rendre.

LE REQUIN

RÉCIT

Notre navire jeta l'ancre sur les côtes d'Afrique. La journée était belle, une brise fraîche venait de la mer.

Mais vers le soir le temps changea, on suffoquait, un air chaud soufflait du désert du Sahara comme d'une fournaise.

Avant le coucher du soleil, le capitaine monta sur le pont et donna l'ordre à l'équipage de se baigner. En un instant, les matelots descendirent une tente et improvisèrent une salle de bain.

Il y avait avec nous deux mousses; ils furent les premiers à sauter dans l'eau; mais se trouvant à l'étroit dans cet entourage de toile, ils filèrent au large et se mirent à la course.

Tous deux prenaient leurs ébats comme deux lézards.

L'un prit d'abord de l'avance sur son camarade, mais bientôt se laissa devancer. Le père de l'enfant, un vieil artilleur, était sur le pont, et admirait les prouesses de son fils, quand le gamin ralentit sa marche; le père lui cria :

— Ne te laisse pas devancer; encore un effort!

Tout à coup quelqu'un du navire cria :

— Un requin!

Et tous nous aperçûmes sur l'eau le dos du monstre marin qui nageait droit vers les gamins.

— Arrière! arrière! revenez vite! Un requin! criait l'artilleur.

Mais les enfants riaient, s'amusaient, et

ne l'entendant pas, continuaient à nager. L'artilleur, pâle, immobile, ne quittait pas les enfants des yeux. Les matelots détachèrent vivement une barque dans laquelle ils se jetèrent, et, ramant à briser les rames, volèrent au secours des mousses. Mais ils étaient encore loin des enfants, que le requin n'en était plus qu'à vingt coudées.

Les gamins n'avaient rien vu ni entendu, mais soudain l'un d'eux se retourna; nous entendîmes un cri d'épouvante; puis les enfants se séparèrent. Le cri avait tiré l'artilleur de sa torpeur.

Il courut au canon, ajusta et prit la mèche. Nous restions pétrifiés, attendant ce qui allait se passer; le coup retentit, et nous vîmes l'artilleur retomber auprès de son canon, en se cachant le visage de ses mains.

La fumée nous empêchait de voir le requin et les enfants; mais lorsque la fumée s'éleva, nous entendîmes un doux murmure, qui se changea bientôt en un cri de joie générale. Le vieil artilleur découvrit son visage, se leva et regarda la mer.

Le ventre jaune du requin était ballotté par les vagues, et, un instant après, la barque ramenait les deux enfants à bord du navire.

LE VIZIR ABDOUL

FABLE

Le schah de Perse avait un grand vizir qui était très-juste.

Un jour, le vizir se rendait chez le schah ; sur sa route il vit un commencement de révolte. Aussitôt qu'on l'aperçut, on arrêta son cheval, on l'entoura et on le menaça de le tuer s'il ne faisait pas ce qu'on voulait.

L'un d'entre eux fut même assez audacieux pour lui tirer la barbe.

Quand il fut laissé libre, le vizir se rendit chez le schah, le supplia de venir en aide à son peuple et de ne point punir ses agresseurs.

Le lendemain matin, un épicier vint trouver le grand vizir.

Celui-ci lui demanda ce qu'il voulait.

L'épicier répondit :

— Je viens dénoncer celui qui t'a insulté hier ; je le connais, c'est mon voisin, on l'appelle Nagi ; envoie-le chercher et punis-le.

Le vizir renvoya l'épicier et fit appeler Nagi.

Nagi, comprenant qu'on l'avait dénoncé,

arriva plus mort que vif, et se jeta aux pieds du vizir.

Le vizir le releva et dit :

— Je t'ai non pas envoyé chercher pour te punir, mais pour te prévenir que tu as un mauvais voisin ; il t'a dénoncé ! Méfie-toi et évite-le.

UN NOYAU

HISTOIRE VRAIE

La mère avait acheté des prunes, et voulant les distribuer aux enfants après le dîner, elle les avait mises sur une assiette.

Vania n'avait jamais mangé de prunes ; ces fruits le tentaient beaucoup ; il les avait flairés et désirait fort les goûter ; il ne faisait que tourner autour. Resté seul dans la chambre, il ne put résister à la tentation; il en prit une et la mangea.

Avant le dîner, la mère compta les prunes et vit qu'il en manquait une.

Elle en informa le père.

A table, le père demanda :

— Eh bien, mes enfants, n'en est-il pas un parmi vous qui ait mangé une prune?

Tous répondirent : « Non. »

Vania devint rouge comme une écrevisse et affirma :

— Non, je n'en ai pas mangé.

Alors le père reprit :

— Si quelqu'un de vous l'a mangée, ce n'est pas bien, mais là n'est pas le malheur; le malheur est qu'il y a des noyaux dans les prunes, et que si l'on avale un de ces noyaux, on meurt dans les vingt-quatre heures; voilà ce que je crains!

Vania pâlit et s'écria:

— Non, j'ai jeté le noyau par la fenêtre.

Tout le monde rit, et Vania se mit à pleurer.

LA PETITE FILLE
ET LES CHAMPIGNONS

HISTOIRE VRAIE

Deux petites filles s'en revenaient à la maison, rapportant des champignons.

Elles devaient traverser la voie ferrée, et, croyant la locomotive très-éloignée, elles grimpèrent sur le talus et s'engagèrent sur la voie.

Soudain, on entendit le sifflet d'un train; l'aînée revint en arrière, et la plus jeune courut en avant.

L'aînée alors lui cria :

— Ne retourne pas en arrière !

Mais la machine, en avançant, faisait tant de bruit, que la petite fille n'entendit pas ce que lui disait sa sœur; elle comprit, au contraire, qu'elle lui ordonnait de revenir; elle revint donc sur ses pas, et, trébuchant, elle tomba sur les rails, où elle éparpilla les champignons qu'elle voulut ensuite ramasser.

La machine approchait de plus en plus vite, et le mécanicien sifflait désespérément.

L'aînée cria :

— Laisse, laisse les champignons !

Mais la petite, croyant qu'elle lui disait de les ramasser, resta accroupie sur la voie.

Le mécanicien ne put arrêter la machine, et le train passa sur l'enfant.

L'aînée pleurait, criait, tous les voyageurs étaient aux portières, et le conducteur courut à la dernière voiture pour voir ce que la petite fille était devenue.

Quand le train fut passé, on la vit d'abord étendue immobile entre les rails, la tête inclinée.

Puis le train s'éloigna; et l'enfant, relevant la tête, se mit à genoux, finit de ramasser ses champignons, et, après, courut vers sa sœur.

LE MOUVEMENT PERPÉTUEL

HISTOIRE VRAIE

Un moujik se fit meunier, et construisit des moulins.

Puis, l'idée lui vint d'en construire un qui ne marcherait ni avec de l'eau, ni avec des chevaux. Il voulait qu'une lourde pierre, en montant et redescendant, fît mouvoir, par son poids, la roue continuellement, de façon que le moulin marchât seul.

Le moujik alla chez le barine et lui dit :

— J'ai inventé un moulin au mouvement perpétuel, qui peut marcher sans eau et sans chevaux, et qui ne s'arrêtera que lorsqu'on le voudra; seulement, j'ai besoin d'argent pour acheter de la fonte et du bois; prête-moi, barine, trois cents roubles, et je te donnerai le premier moulin que je construirai.

Le barine demanda au moujik s'il savait lire; le moujik répondit négativement.

Alors le barine lui dit :

— Voilà, si tu savais lire, je te donnerais un livre qui traite de la mécanique, et tu verrais qu'on ne peut construire un pareil moulin; que beaucoup sont devenus fous en recherchant ce moulin qui marche seul.

Le moujik n'ajouta pas foi aux paroles du barine, et lui répondit :

— On écrit bien des mauvaises choses dans vos livres; je connais un mécanicien qui a construit un moulin pour un marchand, mais il l'a manqué; eh bien, moi, quoique je ne sois qu'un ignorant, d'un simple coup d'œil j'ai reconnu le défaut, je l'ai arrangé, et il a marché.

Le barine dit :

— Et comment lèveras-tu la pierre lorsqu'elle sera descendue?

— Elle remontera toute seule avec la roue, répondit le moujik.

— Oui, elle remontera, mais pas assez haut, et la seconde fois moins haut encore; puis elle s'arrêtera, malgré toutes les roues que tu monteras : c'est comme si tu t'élançais sur un traîneau, d'une haute montagne sur une plus petite, tu ne pourrais de cette petite t'élancer sur la grande.

Le moujik persistait dans son idée; il se rendit chez un marchand, et lui promit de lui construire un moulin sans eau ni chevaux.

Le marchand lui avança l'argent, le moujik construisit, construisit; les trois cents roubles y passèrent, mais le moulin ne marcha pas.

Le moujik consacra tout son bien à cette entreprise, et tout fut perdu sans succès.

Alors le marchand lui dit :

— Livre-moi le moulin, et surtout qu'il marche sans eau et sans chevaux, sinon rends-moi mon argent.

Le moujik alla de nouveau trouver le barine et lui fit part de son embarras.

Le barine lui donna de l'argent et lui dit :

— Maintenant, reste à travailler chez moi, construis-moi de simples moulins, — pour cela tu t'y connais, — mais à l'avenir, ne t'engage pas à faire des choses auxquelles des gens plus intelligents que toi ont dû renoncer.

COMMENT
UN MOUJIK FIT DISPARAITRE UN BLOC DE PIERRE

HISTOIRE VRAIE

Sur la place d'une ville se trouvait une énorme pierre, qui était fort encombrante et gênait la circulation.

On fit venir des ingénieurs, et on leur demanda s'ils pourraient enlever la pierre et combien cela coûterait.

L'un dit qu'il fallait la faire sauter avec de la poudre, afin qu'on pût l'extraire morceau par morceau, et que cela coûterait huit mille roubles. L'autre dit qu'il faudrait amener un rouleau sur lequel on glisserait la pierre, ce qui reviendrait à six mille roubles.

Un moujik dit alors :

— Moi, je ferai disparaître la pierre, et je ne prendrai que cent roubles.

On lui demanda comment il procéderait.

Et il répondit :

— Je creuserai près de la pierre un grand fossé. Je ferai tomber la pierre dans le fossé, puis j'égaliserai le terrain.

On le laissa faire.

Il reçut ses cent roubles, et, de plus, à titre de gratification, cent autres roubles pour son ingénieuse idée.

LE GILET

HISTOIRE VRAIE

Un moujik s'occupait de commerce, et y gagna tant d'argent, qu'il devint un des premiers négociants de la ville.

Il avait des centaines d'employés à son service et les connaissait tous par leur nom.

Un jour, vingt mille roubles disparurent, et les employés principaux recherchèrent le coupable. L'un d'eux vint chez le marchand et lui dit :

— J'ai trouvé le voleur, il faut le déporter en Sibérie.

Le marchand demanda :

— Et qui est le voleur ?

— C'est Ivan Pétrov ; il a avoué lui-même le détournement, répondit l'employé.

Le moujik réfléchit et dit :

— Il faut pardonner à Ivan.

L'employé étonné s'écria :

— Comment, lui pardonner ! mais alors tous les employés l'imiteront, et ils gaspilleront tout votre bien !

— Il faut pardonner à Ivan Pétrov, répéta le marchand ; lorsque je me suis marié, j'étais très-pauvre ; je n'avais rien pour me vêtir, le jour de la cérémonie, et il me prêta son gilet. Il faut lui pardonner.

Ivan fut donc épargné.

LA RÉUSSITE

HISTOIRE VRAIE

Des gens débarquèrent dans une île où l'on trouvait beaucoup de pierres précieuses; ils faisaient toute diligence pour en ramasser le plus possible; ils dormaient peu, mangeaient peu, et travaillaient presque tout le temps.

L'un d'eux cependant ne faisait rien; il buvait, mangeait, dormait, sans quitter sa place.

Quand les préparatifs du départ pour retourner dans leur pays furent terminés, ses camarades le réveillèrent et lui dirent :

— Et toi, qu'emporteras-tu chez toi?

Il prit une poignée de terre sous ses pieds, et la mit dans son sac.

Lorsqu'ils rentrèrent au logis, cet homme retira la terre de son sac et y trouva une pierre plus précieuse que toutes les autres.

LE PARTAGE DE L'HÉRITAGE

FABLE

Un père avait deux fils ; il leur dit :

— Lorsque je mourrai, vous partagerez tout par moitié.

Quand le père mourut, les fils ne purent prendre chacun leur part sans se quereller.

Ils prirent pour arbitre leur voisin. Celui-ci leur demanda :

— Comment votre père vous a-t-il ordonné de faire le partage ?

Les deux frères lui répondirent :

— Il nous a recommandé de partager tout par moitié.

— Alors, conclut le voisin, déchirez en deux tous les habits, cassez la vaisselle et partagez de même le bétail.

Les deux frères suivirent le conseil du voisin, ils détruisirent tout; aussi ne leur resta-t-il rien.

UN FILS SAVANT

FABLE

Le fils revint de la ville chez son père au village.

— C'est aujourd'hui la fenaison, lui dit le père, prends ce râteau et viens m'aider.

Mais le fils ne voulait pas travailler, et il répondit :

— J'ai appris les sciences, et j'ai oublié tous les mots de moujik; qu'est-ce que c'est que cet instrument?

Il sortit, et, dans la cour, marcha sur le râteau, dont le manche vint lui frapper le front; alors il se souvint, se frotta le front et murmura :

— Quel sot a pu placer là ce râteau?

LA BABA ET LA POULE

FABLE

Une poule pondait tous les jours un œuf; sa maîtresse pensa que si elle lui donnait une nourriture plus abondante, celle-ci pondrait le double, et elle en fit l'expérience.

Mais la poule engraissa, et cessa complétement de pondre.

LA PIERRE

HISTOIRE VRAIE

Un pauvre entra chez un riche et lui demanda l'aumône ; le riche ne lui donna rien.

— Va-t'en ! lui dit-il.

Mais le pauvre ne s'en alla pas.

Alors le riche se fâcha, prit une pierre et la lui jeta.

Le pauvre ramassa la pierre, la serra sur sa poitrine et dit : — Je la porterai jusqu'à ce que, moi aussi, j'aie l'occasion de la lui jeter.

Le temps s'écoula.

Le riche commit une mauvaise action, fut dépouillé de tout ce qu'il avait et emmené en prison.

Le voyant ainsi traîné, le pauvre s'approcha de lui, tira la pierre de sa poitrine, et fit le geste de la lui lancer. Puis, réfléchissant, il jeta la pierre à terre et dit : « Il était inutile de porter si longtemps cette pierre; quand il était riche et puissant, je le craignais; maintenant, je le plains. »

LA VITESSE ET LA FORCE

HISTOIRE VRAIE

Une fois, une locomotive était lancée à toute vitesse sur la voie ferrée ; juste sur son chemin, se trouvait un chariot attelé d'un cheval.

Un moujik traversait la voie, mais son cheval ne pouvait tirer le chariot parce qu'une roue de derrière était tombée.

Le charretier cria au mécanicien : « Arrête ! »

Mais le mécanicien n'obéit pas.

Il comprit que le cheval n'avait pas la force de traîner le chariot, et que l'animal ne pouvait ni reculer ni avancer.

Il n'arrêta pas, mais au contraire lança

à toute vapeur la machine, qui heurta le chariot.

Le moujik s'écarta.

La machine lança le cheval et le chariot sur le côté de la voie, et passa quand même.

Le mécanicien dit alors au charretier :

— Nous n'avons tué qu'un cheval et cassé qu'un chariot; mais si je t'avais écouté, nous serions tous morts, nous et les voyageurs. Allant à toute vitesse, nous avons rejeté le chariot sans ressentir de secousse; tandis que si nous avions ralenti, nous aurions déraillé.

CAMBYSE ET PSAMMÉNITE

HISTOIRE VRAIE

Quand le roi de Perse Cambyse eut fait prisonnier le tzar Psamménite, il le fit amener, ainsi que deux mille autres Égyptiens, sur la place publique.

En même temps, il fit habiller de vieilles hardes la fille de Psamménite, ainsi que toutes les filles des grands d'Égypte, et les envoya porter de l'eau.

Lorsque les jeunes filles, en larmes, passèrent devant leurs pères, ceux-ci se mirent à pleurer. Seul, Psamménite ne pleura point, il baissa seulement les yeux.

Puis Cambyse fit défiler le fils de Psamménite et ceux des autres Égyptiens; tous bâillonnés et la corde au cou, on les conduisait au supplice.

Psamménite vit cela, et comprit que son fils allait à la mort.

Mais, comme à la vue de sa fille, il se contint; et tandis que les Égyptiens pleuraient, il baissa les yeux.

Ensuite, Psamménite vit passer devant lui un de ses plus anciens compagnons; celui-ci était riche auparavant, et maintenant il mendiait.

Aussitôt que Psamménite l'aperçut, il se frappa la tête de désespoir et fondit en larmes.

Cette douleur inattendue surprit Cambyse, qui lui fit tenir ce discours par ses envoyés :

—Psamménite, ton maître Cambyse demande pourquoi, quand ta fille fut mise en esclavage et ton fils conduit à la mort, tu n'as point pleuré, tandis que la vue d'un pauvre mendiant t'émeut.

Psamménite répondit :

— Dites à Cambyse que mon propre malheur est si grand que je ne puis même plus le déplorer, mais j'ai pitié de mon ami, parce que, dans sa vieillesse, de riche qu'il était il est tombé si pauvre.

Un autre tzar, prisonnier lui aussi, se trouvait là ; quand il entendit les paroles de Psamménite, son malheur lui apparut plus grand, et il se mit à pleurer.

Tous les Perses présents s'attendrirent ; Cambyse lui-même parut s'émouvoir : il ordonna d'amener Psamménite devant lui, et de gracier le fils du prisonnier.

On amena donc Psamménite devant Cambyse, qui lui fit grâce ; quant à son fils, il était déjà exécuté.

UN PÈRE ET SES FILS

CONTE

Un père recommandait à ses fils de vivre en bonne intelligence, mais ils ne l'écoutaient point.

Alors, le père fit apporter un paquet de verges et leur dit :

— Cassez !

Malgré tous leurs efforts, ils ne purent casser les verges ; alors, le père délia le paquet et leur ordonna de casser les verges branche par branche ; ils réussirent sans difficulté.

— Vous êtes comme ces verges, reprit le père ; si vous vivez ensemble et d'accord, personne ne pourra triompher de vous ; si vous êtes désunis, vous serez beaucoup moins forts.

HISTOIRE D'UN MOINEAU

HISTOIRE VRAIE

Dans notre maison, derrière les volets, un moineau fit son nid et pondit cinq œufs. Nous regardions, ma sœur et moi, le moineau apporter le duvet et la paille nécessaires à la construction du nid.

Nous nous réjouîmes beaucoup lorsque nous aperçûmes des œufs.

Le moineau n'apportait plus ni plumes ni paille, mais se couchait sur les œufs.

Un autre oiseau, qu'on nous dit être le mari, apportait à sa femme des vers pour la nourrir.

Quelques jours après, nous entendîmes de petits cris, et nous regardâmes ce qui se passait dans le nid. Il y avait cinq petits oiseaux tout nus, sans ailes, sans plumes; leur petit bec était mou et leur tête très-grosse.

Nous les trouvions laids, et nous ne nous réjouissions plus à leur vue; cependant, nous regardions de temps en temps ce qu'ils faisaient. Leur mère s'en allait chercher leur nourriture, et, lorsqu'elle revenait, les petits moineaux poussaient des cris plaintifs, et ouvraient le bec; alors, la mère leur distribuait des morceaux de vers.

Huit jours après, les petits oiseaux, devenus plus gros, se couvrirent de duvet et embellirent beaucoup, ce qui nous les fit regarder plus souvent.

Un matin, près de la fenêtre, nous trouvâmes le vieux moineau mort, au bas du volet; nous pensâmes que l'oiseau s'était posé là, à la nuit, qu'il s'était endormi et qu'on l'avait écrasé en fermant le volet.

Nous jetâmes le vieux moineau sur l'herbe ; les petits criaient, sortaient leurs têtes et ouvraient le bec, mais il n'y avait plus personne pour leur donner à manger.

Notre sœur aînée nous dit :

— Voilà ! maintenant ils n'ont plus de mère, plus personne pour les nourrir. Élevons-les !

Et nous prîmes, joyeux, une petite caisse que nous remplîmes d'ouate pour y déposer le nid et les cinq oiseaux, que nous emportâmes dans notre chambre.

Il fallut chercher des vers et tremper du pain dans du lait, pour nourrir nos petits affamés.

Ils mangeaient bien, secouaient leur petite tête, nettoyaient leur bec sur le bord de la caisse ; ils étaient très-gais.

Ils mangèrent ainsi toute la journée, et nous étions heureux de les voir.

Le lendemain, en allant regarder dans la caisse, nous trouvâmes le plus petit mort, ses pattes empigées dans le coton.

Nous retirâmes aussitôt le coton pour éviter ce danger aux autres, et nous le remplaçâmes par de la mousse.

Mais, vers le soir, deux autres moineaux étendirent leurs ailes, ouvrirent le bec et moururent aussi.

Deux jours après, le quatrième périt; il ne nous en restait plus qu'un. On nous assura que nous leur avions donné trop à manger.

Ma sœur pleurait, et elle se chargea d'élever toute seule le dernier.

Quant à nous, il ne nous était plus permis que de le regarder.

Le dernier moineau était gai, bien portant, vivant; nous lui donnâmes le nom de « Jivtchik[1] ».

Il vivait si bien, qu'il commençait à voler et à répondre à son nom.

Quand ma sœur lui criait : « Jivtchik! Jivtchik! » il arrivait, se posait sur son épaule, sur sa tête ou sur sa main, et elle lui donnait à manger.

Enfin, il devint fort et put se nourrir lui-même; il vivait dans notre chambre et quelquefois s'envolait par la fenêtre, mais il revenait toujours dans sa caisse pour la nuit.

Un matin, il resta dans sa caisse; son plumage se mouilla et se hérissa, comme celui de ses frères, lorsqu'ils étaient sur le point de mourir.

Ma sœur ne quittait pas Jivtchik et le

[1] Jivtchik, vivant.

soignait, mais l'oiseau ne mangeait ni ne buvait rien.

Il fut malade pendant trois jours, et, le quatrième, il mourut.

Quand nous le vîmes mort, étendu sur le dos, ses petites pattes recoquillées, tous trois nous pleurâmes si fort que notre mère vint nous demander la cause de notre douleur.

En apercevant l'oiseau mort, elle comprit notre peine.

Pendant plusieurs jours, ma sœur aînée ne put ni jouer ni manger, car elle pleurait sans cesse.

Nous avons enveloppé Jivtchik dans nos plus beaux chiffons; nous l'avons mis dans une petite boîte en bois, et, après, nous l'avons enterré dans le jardin.

Au-dessus de sa tombe, nous avons élevé un tertre et posé une pierre.

LE SAUT

CONTE

Un navire avait fait le tour du monde et retournait au port; le temps était beau, tout l'équipage était sur le pont.

Au milieu des passagers, un grand singe amusait tout le monde.

Ce singe gambadait, sautait, faisait des grimaces, imitait les gens, et, voyant qu'on s'occupait de lui, il continuait de plus belle.

Il s'élança sur un petit garçon de douze ans, le fils du capitaine du navire, arracha son chapeau, le mit sur sa tête et grimpa bien vite au mât.

Tout le monde riait, mais l'enfant restait tête nue, ne sachant s'il devait rire ou pleurer.

Le singe s'assit sur la hune, et avec ses dents, avec ses ongles, commença à déchirer le chapeau.

On eût dit qu'il voulait taquiner l'enfant à plaisir, en lui montrant le chapeau et en lui faisant des signes.

Le gamin avait beau le menacer, lui crier des injures, le singe continuait à déchirer le chapeau.

Les matelots riaient de plus en plus; tout à coup le gamin devint rouge de colère, puis, de dépit, jeta son habit et se mit à la poursuite du singe.

D'un bond, il fut auprès de lui; mais l'animal, plus agile et plus adroit, lui échappa, au moment où il croyait atteindre le chapeau.

— Tu ne m'échapperas pas! s'écria le

gamin, grimpant toujours après le singe.

Le singe, d'étape en étape, l'attirait de plus en plus haut, sans que l'enfant obtînt plus de succès; mais le garçon, plein de fureur, ne renonçait pas à la lutte.

Au sommet du mât, le singe, se tenant d'une main à une corde, mit le chapeau au bout de la plus haute hune, et lui-même grimpa jusqu'en haut; de là, il riait et montrait ses dents.

Du mât au bout de la hune où était suspendu le chapeau, il y avait plus de deux mètres de distance; aussi ne pouvait-on l'avoir qu'en lâchant la corde et le mât.

Mais le petit était très-excité; il lâcha le mât et passa sur la hune.

Tout le monde regardait et riait de cette lutte entre le singe et le fils du capitaine; mais dès qu'on s'aperçut qu'il avait lâché la corde et qu'il se mettait sur la hune, tous les matelots restèrent paralysés de frayeur.

Un seul faux mouvement, et il pouvait se fracasser sur le pont; si même il arrivait à atteindre le chapeau, il ne parviendrait pas à descendre.

Chacun attendait avec anxiété ce qui allait se passer. Tout à coup quelqu'un poussa un cri de frayeur.

L'enfant revint à la situation, regarda en bas et chancela.

A ce moment, le capitaine du navire, le père de l'enfant, sortait de sa cabine, tenant un fusil pour tuer des mouettes; il vit son fils sur le mât, et dirigea sur lui son arme, criant : — A l'eau ! immédiatement à l'eau, ou je te tue ! — Le garçon chancelait sans comprendre. — Saute ! ou je te tue, un, deux ! — Et au moment où le père cria : Trois ! l'enfant se précipita dans la mer.

Comme un boulet, le corps de l'enfant tomba dans l'eau; mais les flots l'avaient à peine recouvert, que vingt braves matelots se jetaient à la mer.

Dans l'espace de quarante secondes, qui semblèrent un siècle aux spectateurs, le corps de l'enfant parut à la surface. On l'atteignit et on le transporta sur le vaisseau; quelques minutes après, l'enfant rendit de l'eau par la bouche et commença à respirer.

Quand le capitaine le vit sauvé, il jeta un cri, comme si quelque chose l'étouffait, et se sauva dans sa cabine.

UNE PUNITION SÉVÈRE

CONTE

Un moujik s'en alla un jour au marché et acheta de la viande; mais on le trompa et sur le poids et sur la qualité.

Aussi en s'en allant injuriait-il le marchand.

Le tzar le rencontra et lui demanda :

— Pourquoi injuries-tu ?

Le moujik répondit :

— Parce que l'on m'a trompé; j'ai payé le prix de trois livres de bonne viande, et l'on ne m'en a donné que deux livres, et encore de la mauvaise.

Le tzar lui dit :

— Retournons au marché; tu me montreras celui qui t'a trompé.

Le moujik revint avec le tzar, et lui désigna le marchand.

Le tzar fit peser devant lui la viande, et constata qu'en effet le poids n'y était pas.

Le tzar dit alors :

— Eh bien, comment veux-tu que je punisse ce marchand ?

— Ordonne, répondit le moujik, qu'on prélève sur son dos la quantité de viande qu'il me doit.

Le tzar reprit :

— C'est bien ! prends ce couteau et ôte une livre de viande au dos du marchand. Seulement, fais bien attention que le poids soit juste, car si tu coupes plus ou moins d'une livre, tu seras puni !

Le moujik ne répondit rien et s'éloigna.

LE MOUJIK ET L'ESPRIT DES EAUX

CONTE

Un moujik laissa tomber sa hache dans la rivière, et, de chagrin, se mit à pleurer.

L'Esprit des eaux, entendant ses pleurs, eut pitié de lui; il lui apporta une hache en or; et lui demanda :

— Cette hache est-elle à toi?

Le moujik répondit :

— Non, elle n'est pas à moi!

L'Esprit des eaux lui apporta une hache en argent.

— Ce n'est pas ma hache, dit de nouveau le moujik.

Alors, l'Esprit des eaux lui rapporta sa propre hache, et le moujik s'écria :

— Voilà la mienne!

Pour le récompenser de sa franchise, l'Esprit des eaux lui fit présent des trois haches.

De retour à la maison, le moujik montra ce cadeau, et conta son aventure à ses camarades.

Un des moujiks eut l'idée de faire comme lui; il alla au bord de l'eau, laissa tomber sa hache, et se mit à pleurer.

L'Esprit des eaux lui présenta une hache en or et lui demanda :

— Est-ce là ta hache?

Le moujik, tout heureux, s'écria :

— Oui, oui, c'est bien la mienne!

L'Esprit des eaux ne lui donna ni la hache en or ni la sienne, pour le punir de l'avoir trompé.

LE FRÈRE DU TZAR

CONTE

Un tzar se promenait dans la rue ; un mendiant l'accosta en lui demandant l'aumône.

Le tzar ne lui donna rien.

— Tzar, lui dit alors le mendiant, tu as sans doute oublié que Dieu est notre père à tous ; nous sommes tous frères, et nous devons tout partager.

A ces mots, le tzar s'arrêta :

— Tu dis la vérité, s'écria-t-il, nous sommes frères, et il faut que nous partagions.

Il lui donna une pièce d'or.

Le pauvre prit la pièce d'or et dit :

— Tu me donnes bien peu ! Est-ce

ainsi que l'on partage entre frères? Il faut partager d'une façon plus égale. Tu possèdes plus d'un million de pièces, et tu ne m'en as donné qu'une.

— C'est vrai! dit le tzar, j'ai plus d'un million de pièces, et je ne t'en ai donné qu'une; mais j'ai autant de frères que d'argent!

L'AVEUGLE ET LE LAIT

FABLE

Un aveugle de naissance demanda à un voyant :

— De quelle couleur est le lait?

Le voyant lui répondit :

— La couleur du lait est comme le papier blanc.

— Eh quoi, demanda l'aveugle, est-ce que cette couleur est aussi soyeuse au toucher que le papier?

Le voyant répondit :

— Non, elle est blanche comme la farine est blanche.

— Comment? reprit l'aveugle; est-elle aussi molle et pulvérisée que la farine?

— Non, répondit le voyant, elle est tout simplement blanche comme le lièvre blanc.

— Alors, reprit l'aveugle, elle est aussi velue et aussi douce que la peau du lièvre?

— Non, répondit le voyant, la couleur blanche est comme la neige.

— Alors, reprit l'aveugle, elle est aussi froide que la neige?

Et, malgré tous les exemples que le voyant citait à l'aveugle, celui-ci ne pouvait se représenter la couleur blanche du lait.

LA SOURIS PETITE FILLE

CONTE

Un homme, passant près d'une rivière, aperçut un corbeau qui s'emparait d'une souris.

Il lui lança une pierre, le corbeau lâcha prise, et la souris tomba dans l'eau.

Le passant la retira et l'emporta chez lui; comme il n'avait pas d'enfants, il se dit:

— Ah! si cette souris pouvait se transformer en petite fille!

Et la souris fut aussitôt transformée.

La petite fille grandit, et un jour l'homme lui demanda:

— Qui veux-tu épouser?

La jeune fille répondit:

— Je veux épouser celui qui est le plus fort.

L'homme alla trouver le soleil, et lui dit :

— Soleil ! ma fille veut épouser celui qui est le plus fort ; tu es celui-là, épouse donc ma fille !

Le soleil lui répondit :

— Je ne suis pas le plus fort, un nuage peut m'obscurcir.

L'homme s'en fut trouver les nuages et leur dit :

— Nuages ! vous êtes les plus forts du monde ; épousez donc ma fille !

Et les nuages lui répondirent :

— Nous ne sommes pas les plus forts, le vent nous chasse.

L'homme alla trouver le vent et lui dit :

— Vent ! tu es le plus fort de tous ; épouse ma fille !

Le vent lui répondit :

— Je ne suis pas le plus fort, les montagnes m'arrêtent.

L'homme alla au pied des montagnes, et leur dit :

— Montagnes ! épousez ma fille ! vous êtes plus fortes que tout.

Les montagnes lui répondirent :

— Le rat est plus fort que nous, il nous ronge.

Alors, l'homme alla trouver le rat, et lui dit :

— Tu es l'être le plus fort du monde ; épouse ma fille.

Et le rat consentit.

L'homme retourna vers sa fille et lui dit :

— Le rat est le plus fort de tous ; il ronge les montagnes, les montagnes arrêtent le vent, le vent chasse les nuages, et les nuages obscurcissent le soleil ; or, le rat consent à t'épouser.

La jeune fille répliqua :

— Mais alors, comment faire ? Comment épouser un rat ?

Et l'homme, de nouveau, murmura :

— Ah ! si ma fille pouvait se changer en souris !

Aussitôt la jeune fille se changea en souris et épousa le rat.

LIPOUNIOUCHKA

CONTE

Il y avait une fois un vieux et une vieille qui n'avaient pas d'enfants.

Le vieux alla travailler aux champs, et la vieille resta à la maison pour faire des crêpes.

Tout en faisant ses crêpes, la vieille songeait :

« Si j'avais un fils, il porterait les crêpes à son père; mais par qui pourrais-je les envoyer? »

Tout à coup, d'un flocon d'étoupe, sortit un tout petit garçon qui lui dit :

— Bonjour, maman!

Et la vieille demanda :

— D'où viens-tu, mon fils, et comment t'appelles-tu?

Le petit garçon répondit :

— Toi, ma petite mère, tu as tillé l'étoupe; et c'est là dedans que je me suis formé; on m'appelle Lipouniouchka : donne, petite mère, les crêpes, que je les porte au petit père.

La vieille reprit :

— Mais auras-tu la force de les porter, Lipouniouchka ?

— Oui, je les porterai bien, petite mère !

La vieille fit un paquet de crêpes et le remit au petit garçon.

Lipouniouchka prit le paquet et courut aux champs.

Sur sa route, il trouva un tertre et se mit à crier :

— Petit père! petit père! aide-moi à passer ce tertre, je t'apporte des crêpes!

Le vieux se rendit à cet appel, aida l'enfant à franchir le tertre, et lui dit :

— D'où viens-tu, mon fils?

Et le gamin répondit :

— Mais, petit père, je me suis formé dans l'étoupe. Et il tendit les crêpes au père.

Le vieux se mit à déjeuner, et le gamin lui dit :

— Laisse-moi labourer, petit père!

Le vieux répondit :

— Mais tu n'auras pas la force de labourer.

Et Lipouniouchka prend la charrue et se met à labourer; il travaille et il chante.

Un barine passait près du champ; il aperçut le vieux qui déjeunait, tandis que le cheval labourait tout seul.

Le barine descendit de voiture et dit au vieillard :

— Comment se fait-il, vieux, que ton cheval laboure tout seul ?

Et le vieux répondit :

— J'ai là un petit gamin qui le conduit, c'est lui que vous entendez chanter.

Le barine s'approcha et vit Lipouniouchka; il dit alors :

— Vieux, vends-moi ce petit!

Et le vieux répondit:

— Non, je ne puis pas le vendre, car je n'ai que lui.

Lipouniouchka dit alors au vieillard :

— Vends-moi, petit père, je te reviendrai.

Le moujik vendit donc l'enfant cent roubles.

Le barine paya, prit le gamin, l'enveloppa dans un foulard et le mit dans sa poche; puis, en rentrant chez lui, il dit à sa femme :

— Je vais te faire un présent qui te causera une grande joie.

Il retira le foulard de sa poche, le déplia, et n'y trouva plus rien.

Lipouniouchka s'était enfui chez son père depuis longtemps déjà.

SOUDOMA

CONTE

Dans le gouvernement de Pskov, il y a une petite rivière, Soudoma, et sur les bords de cette rivière sont situées deux montagnes, l'une en face de l'autre.

Sur l'une de ces montagnes, se trouvait jadis une petite ville, Vychgorodok.

Sur l'autre montagne, les Slaves, autrefois, rendaient la justice.

Les vieux racontent que, dans l'ancien temps, sur cette montagne, une chaîne descendait du ciel, et que celui qui avait raison pouvait atteindre de la main cette chaîne, tandis que celui qui avait tort ne le pouvait pas.

Un jour, un homme emprunta de l'argent et nia sa dette ; on amena le créancier et le débiteur sur les bords de la Soudoma, et on leur ordonna de saisir la chaîne.

Le créancier leva la main et l'atteignit. Le débiteur vint à son tour, et consentit à l'épreuve.

Or notre homme était boiteux ; il tendit sa béquille au plaignant, afin qu'il lui fût plus facile d'atteindre la chaîne ; il l'atteignit en effet, et tout le monde s'étonna. Comment tous deux pouvaient-ils avoir raison ?

C'est que la béquille était creuse, et qu'il avait caché l'argent à l'intérieur.

Quand il avait tendu la béquille contenant l'argent, il avait rendu par le fait au créancier ce qu'il lui devait ; voilà pourquoi il avait pu saisir la chaîne, et c'est ainsi qu'il avait trompé tout le monde.

Mais à partir de ce jour-là, la chaîne remonta au ciel et ne redescendit plus jamais.

C'est, du moins, ce que prétendent les anciens.

LA PRINCESSE AUX CHEVEUX D'OR

LÉGENDE

Il y avait aux Indes une princesse aux cheveux d'or; elle avait une marâtre qui la détestait à tel point qu'elle persuada le tzar de l'exiler dans le désert.

On emmena donc dans le désert la princesse aux cheveux d'or, et on l'y abandonna.

Le cinquième jour, la princesse revint

chez son père, à cheval sur un lion.

Alors, la marâtre conseilla au tzar d'égarer sa belle-fille dans les montagnes sauvages où ne vivaient que les vautours.

Le quatrième jour, les vautours la rapportèrent chez son père.

Alors, la marâtre fit exiler la princesse sur une île déserte; des pêcheurs la ramenèrent devant le tzar.

Voyant cela, la marâtre ordonna de creuser dans la cour un puits profond, y fit descendre la princesse aux cheveux d'or, et fit combler le puits.

Six jours après, à la place où la jeune fille avait été enterrée vivante, on vit briller une lumière. Alors, le tzar fit fouiller la terre, et l'on y trouva la princesse aux cheveux d'or.

Enfin, la marâtre fit creuser le tronc d'un énorme mûrier, y fit enfermer la princesse; puis l'arbre fut coupé et jeté dans la mer.

Le neuvième jour, la mer rejeta l'arbre sur les côtes du Japon; les Japonais retirèrent de l'arbre la belle princesse vivante; mais aussitôt qu'elle vit le jour, elle mourut et se transforma en ver à soie.

Le ver à soie grimpa sur le mûrier et se mit à ronger les feuilles.

Un jour, il ne mangea plus et cessa de se mouvoir; mais cinq jours après, — c'était l'espace de temps que la princesse avait passé dans le désert, — le ver se ranima; de nouveau il rongea les feuilles de l'arbre pendant quelques jours et se rendormit.

Puis, au bout d'un temps égal à celui que les vautours avaient mis à rapporter la princesse, le ver se ranima encore et se rendormit.

Enfin, pour la cinquième fois, le ver mourut, et se réveilla cocon soyeux et doré; de ce cocon, sortit un papillon qui se mit à pondre.

Des œufs pondus, de nouveaux vers éclorent et se répandirent dans le Japon.

Le Japon cultive une grande quantité de vers et fabrique beaucoup de soie.

Le ver s'endort cinq fois, et cinq fois se ranime.

Les Japonais appellent le premier sommeil du ver : « Sommeil du Lion », le deuxième : « Sommeil du Vautour », le troisième : « Sommeil du bateau », le quatrième : « Sommeil du puits », et le cinquième : « Sommeil du tronc ».

LES DEUX FRÈRES

CONTE

Deux frères voyageaient ensemble; vers le milieu du jour, ils s'étendirent sous les arbres d'une forêt pour se reposer.

Quand ils se réveillèrent, ils aperçurent près d'eux une pierre portant une inscription. Ils la déchiffrèrent et lurent ce qui suit :

« *Que celui qui trouvera cette pierre marche dans la forêt vers l'orient; sur son chemin, il rencontrera une rivière, qu'il la traverse; sur l'autre rive, il apercevra une ourse et ses oursons; qu'il prenne les oursons et qu'il se sauve sur la montagne, sans se retourner. Là, il verra une maison, et dans cette maison il trouvera le bonheur.* »

Alors, le cadet dit à l'aîné : — Allons ensemble, peut-être pourrons-nous traverser cette rivière, prendre les oursons, les porter dans cette maison et trouver tous deux le bonheur.

Mais l'aîné répondit :

— Je n'irai pas chercher les oursons, et je ne te conseille pas non plus de le faire. D'abord, on ne sait pas si cette inscription est vraie, peut-être n'est-elle faite que pour attraper les passants ; puis, il est possible que nous l'ayons mal lue ; ensuite, en admettant que ce soit la vérité, nous passerons la nuit dans la forêt, nous ne trouverons pas la rivière, et nous nous égarerons. Même en trouvant la rivière, pourrons-nous la passer ? Elle est peut-être large et rapide, et, si nous la passons, est-il si facile de prendre les oursons ? L'ourse peut nous égorger, et nous trouverons la mort en fait de bonheur. D'ailleurs, si nous réussissons à prendre les oursons, il ne nous sera pas possible de nous sauver sans nous reposer jusqu'à la montagne. Enfin, il n'est pas dit quel bonheur on trouve dans cette maison; c'est peut-être un bonheur dont nous n'aurons que faire.

Mais le cadet reprit :

— Je ne suis pas de ton avis; cela n'a pas été écrit sans but sur cette pierre, et le sens de l'inscription est clair et précis. D'abord, il n'y a pas un si grand danger à courir. Si nous n'y allons pas, un autre pourra découvrir cette pierre et trouver le bonheur à notre place; si l'on n'a pas de peine, rien dans le monde ne peut vous réjouir. Du reste, je ne veux pas qu'on me croie poltron.

L'aîné lui répondit :

— Tu sais bien le proverbe : Qui veut

trop n'a rien, — ou bien encore celui-ci : Un moineau dans la main vaut mieux que la grive qui vole.

Le cadet répliqua :

— Et moi, j'ai entendu dire : Qui craint la feuille n'aille point au bois; ou bien encore : Sous une pierre immobile, l'eau ne coule point. — Allons, il est temps que je parte.

Le cadet s'éloigna, et l'aîné resta.

Un peu plus loin, dans la forêt, le cadet trouva la rivière, la traversa, et sur la rive aperçut l'ourse qui dormait; il saisit les oursons, se mit à courir sans se retourner, et gagna la montagne.

A peine eut-il atteint ce sommet qu'une foule de gens vinrent à sa rencontre et le transportèrent à la ville, où on le nomma tzar.

Il régna cinq ans; la sixième année, un

autre tzar, plus fort que lui, lui déclara la guerre, conquit la ville et le chassa.

Alors, le frère cadet se mit à errer de nouveau et revint chez son aîné.

Celui-ci vivait paisiblement à la campagne, sans richesse, mais sans pauvreté.

Les deux frères furent bien heureux de se raconter leur vie.

— Tu vois bien, dit l'aîné, que j'étais dans le vrai; moi, j'ai vécu sans tracas; toi, quoique tzar, songe combien ta vie fut tourmentée.

Le cadet lui répondit :

— Je ne regrette pas mon aventure de la forêt; maintenant, je suis déchu, il est vrai, mais j'ai, pour embellir ma vieillesse, le cœur plein de souvenirs, tandis que toi, tu n'en as pas.

LA COULEUVRE

CONTE

Une femme avait une fille, Mascha. Mascha alla se baigner avec ses amies ; les petites filles ôtèrent leur chemise, qu'elles déposèrent sur le gazon, et entrèrent dans l'eau.

Une couleuvre sortit des roseaux et se glissa dans la chemise de Mascha.

La petite fille sortit de l'eau, prit sa chemise et courut chez elle.

Quand Mascha, approchant de l'isba, s'aperçut qu'une couleuvre s'était blottie dans sa chemise, elle voulut la chasser avec un bâton, mais la couleuvre lui dit d'une voix humaine :

— Promets-moi de m'épouser, Mascha!

Mascha se mit à pleurer et répondit :

— Retire-toi seulement de ma chemise, et je ferai tout ce que tu voudras.

— M'épouseras-tu ?

— Oui ! répondit la petite fille.

La couleuvre s'échappa de la chemise et rentra dans l'eau.

Mascha mit sa chemise et courut à la maison. Là, elle dit à sa mère :

— Petite mère ! une couleuvre s'est posée sur ma chemise et m'a dit : Épouse-moi ! et j'ai promis.

La mère sourit et lui dit :

— Tu l'as rêvé !

La semaine suivante, une légion de couleuvres rampa vers la maison de Mascha.

La petite fille, en les voyant, eut peur et dit à sa mère :

— Petite mère, les couleuvres qui viennent me chercher !

La mère ne croyait pas l'enfant, mais, à la vue des reptiles, elle s'effraya et ferma la porte de la chambre.

Les couleuvres rampèrent sous la porte cochère, mais ne purent pénétrer dans l'isba; alors, elles se réunirent en boule, et, s'élançant contre la fenêtre, brisèrent un carreau.

Puis, elles se répandirent dans la chambre et grimpèrent sur la table, sur le poêle.

Mascha s'était refugiée dans un coin; mais les reptiles la trouvèrent et l'entraînèrent dans l'eau.

La mère courut après elle, et ne put la rejoindre; les couleuvres avaient disparu avec l'enfant dans la profondeur des eaux.

La pauvre mère pleura, croyant sa fille morte.

Un jour, longtemps après, la mère se trouvait près de la fenêtre et regardait dehors. Soudain, elle aperçut Mascha qui tenait un enfant par la main et un bébé sur son bras.

La mère, pleine de joie, embrassa sa fille, et lui demanda d'où elle venait et qui étaient ces jeunes enfants.

— Ce sont les miens, répondit Mascha; le reptile m'a épousée, et j'habite le Palais des couleuvres.

Et la mère lui demanda encore si l'on était bien dans l'eau.

La jeune femme lui avoua qu'on y était mieux que sur terre; et comme sa mère la suppliait de rester, elle refusa, car elle avait promis à son mari de retourner bientôt.

— Mais, lui dit sa mère, comment retourneras-tu chez toi?

— Je crierai : Ossip! Ossip! il viendra sur le bord et me prendra.

— C'est bien! mais reste au moins chez moi cette nuit!

Mascha se coucha et s'endormit; et la mère prit une hache et alla près de l'eau.

Là, elle cria : Ossip! Ossip! Sors, sors!

Le reptile parut. Alors, la mère, d'un coup de hache, lui trancha la tête; l'eau se teignit de son sang.

La mère retourna à la maison. Mascha venait de se réveiller, elle lui dit :

— Je vais maintenant retourner chez moi, ma petite mère.

Elle prit dans ses bras sa petite fille, son fils par la main, et s'éloigna.

Lorsqu'elle fut près de l'eau, elle appela :

— Ossip! Ossip! viens nous chercher! Mais personne ne répondit à son appel;

elle vit que l'eau était rouge, et plus loin, sur la surface, flottait la tête de la couleuvre.

Alors, Mascha embrassa son fils et sa fille, et leur dit :

— Si vous n'avez plus de père, vous n'aurez plus de mère. Toi, ma fille, sois hirondelle! vole au-dessus des eaux; et toi, mon fils, sois rossignol! chante à l'aurore; quant à moi, je serai coucou, je pleurerai mon mari mort.

Et tous trois s'envolèrent dans différentes contrées.

LA VACHE ET LE BOUC

CONTE

Une vieille femme avait une vache et un bouc; ces animaux allaient paître dans la prairie, et la vache revenait pour se faire traire.

La vieille femme apportait du pain et du sel, en donnait à la vache et lui disait :

— Prends, prends encore, ma petite mère; seulement, tiens-toi bien tranquille.

Le lendemain, le bouc revint du champ avant la vache, écarta les pattes et se mit devant la vieille, qui le menaça de son essuie-main; mais le bouc ne bougea pas. Il se souvenait que la veille, la vieille avait promis du pain et du sel à la vache pour qu'elle se tînt tranquille.

La vieille femme, voyant que le bouc ne se retirait pas, prit un bâton et frappa l'animal.

Lorsque le bouc s'éloigna, il vit la femme donner de nouveau du pain et du sel à la vache, en la priant de rester tranquille.

— Il n'y a pas de justice ici-bas! pensa le bouc; je ne bougeais pas, moi, et voilà que l'on me frappe.

Alors, il se mit à courir, renversa le lait, et donna un coup de corne à la vieille.

LE HÉRON, LES POISSONS ET L'ÉCREVISSE

FABLE

Un héron vivant au bord d'un étang était devenu vieux; et, comme il n'avait plus la force d'attraper les poissons, il réfléchit à quelle ruse il aurait recours pour vivre.

Il dit un jour aux poissons :

— Eh! vous, poissons, savez-vous le malheur qui vous menace? J'ai entendu dire aux hommes qu'ils allaient vider l'étang et vous mettre à la poêle. Je connais bien un autre étang derrière la montagne, et je voudrais bien vous y transporter, mais je suis si vieux qu'il m'est difficile de vous aider.

Les poissons prièrent le héron de ne point les abandonner.

— Soit! dit le héron, je vais me dévouer pour vous; je vous porterai l'un après l'autre, car je ne pourrais vous porter tous à la fois.

Les poissons se réjouirent, et c'était à celui qui passerait le premier.

— Porte-moi! porte-moi! s'écriaient-ils.

Et le héron commença le transport.

Il prend un poisson, l'emporte dans le champ voisin, et le croque.

Il en mangea ainsi une grande quantité.

Dans ce même temps-là, vivait une vieille écrevisse. Quand elle vit le héron emporter le fretin, elle comprit la ruse et lui dit :

— Eh bien, mon héron, veux-tu m'emmener à la crémaillère ?

Le héron saisit l'écrevisse et l'emporta.

Arrivé dans le champ, le héron voulut poser l'écrevisse; mais celle-ci, apercevant les arêtes des poissons sur la terre, serra de ses pinces le cou du héron et l'étrangla.

Puis, elle revint à la rivière et raconta tout aux poissons.

LE CORBEAU ET LE RENARD

FABLE

Un corbeau trouva un jour un morceau de viande et se posa sur un arbre.

Le renard, flairant la pitance, s'approcha et dit :

— Eh! corbeau, quand je te contemple, et que je vois ta taille et ta beauté, je pense que tu ferais un beau tzar, oui, certainement, tu serais tzar, si, avec ces avantages, tu possédais la voix.

Le corbeau ouvrit le bec et croassa; la viande tomba, le renard la prit et lui dit :

— Ah! corbeau, certes, tu ferais un tzar, si tu avais, avec cela, de l'esprit.

LE VEAU SUR LA GLACE

FABLE

Un jour, un veau sautait dans son étable; il apprit ainsi à faire des tours.

Quand l'hiver vint, on laissa aller le veau avec le troupeau boire à la source entourée de glace.

Toutes les vaches s'approchèrent avec précaution de l'abreuvoir.

Le veau courut étourdiment sur la glace, levant la queue, dressant l'oreille, et se mit à tourner.

Au premier tour, il glissa et se heurta à l'abreuvoir.

Alors, il se mit à pleurer, comme un veau qu'il était, et murmura :

— Malheureux que je suis! dans la paille jusqu'au genou, je sautais sans tomber, et ici, dans un endroit aussi uni, aussi poli, je me laisse glisser.

Une vieille vache lui dit :

— Si tu n'étais pas si jeune, tu saurais que là où il est plus facile de sauter, il est aussi plus difficile de se retenir.

LES CHACALS ET L'ÉLÉPHANT

FABLE

Les chacals avaient mangé toute la chair morte de la forêt, et ne trouvaient plus rien pour se nourrir.

Un vieux chacal médita sur le moyen de se procurer des vivres.

Il alla trouver l'éléphant et lui dit :

— Nous avions un tzar, mais il devint si bête, qu'il nous donnait des ordres impossibles à exécuter. Nous voulons aujourd'hui nommer un autre tzar, et mon peuple m'envoie te chercher ; chez nous, la vie est douce, nous t'obéirons en tout, nous t'honorerons, viens dans notre royaume!

L'éléphant consentit et suivit le chacal.

Celui-ci l'emmena dans un marécage, où l'éléphant s'embourba.

Et le chacal lui dit :

— Maintenant, commande! nous sommes prêts à exécuter tes ordres.

L'éléphant répondit :

— J'ordonne que vous me retiriez de là !

Le chacal se mit à rire et reprit :

— Prends ma queue avec ta trompe, et je vais te retirer tout de suite.

L'éléphant surpris répliqua :

— Tu ne peux me retirer avec ta queue !

— Pourquoi donc ordonner ce qu'il est impossible d'exécuter? reprit le chacal; c'est précisément pour cela que nous avons renvoyé notre premier tzar.

L'éléphant périt dans le marécage, et les chacals le dévorèrent.

LES LIÈVRES ET LES GRENOUILLES

FABLE

Un jour, les lièvres assemblés se lamentaient sur leur sort.

— Nous autres lièvres, disaient-ils, nous sommes toujours en butte aux poursuites des hommes, des chiens, des aigles et de tous les fauves. Mieux vaut mourir que de vivre en de pareilles transes. Allons, frères, noyons-nous!

Et les lièvres se précipitèrent au bord de l'étang, afin d'exécuter leur projet de suicide.

Les grenouilles, entendant les lièvres, se jetèrent toutes dans l'eau.

Alors, un des lièvres s'écria :

— Halte-là, mes enfants, attendons

encore pour nous noyer; vous voyez que la vie des grenouilles est encore plus troublée que la nôtre, puisqu'elles ont peur de nous.

LA SOURIS DANS LA GRANGE

FABLE

Une souris vivait dans une grange.

Dans le plancher de la grange, se trouvait un petit trou par lequel tombait le blé.

La souris vivait avec abondance, mais elle voulut en tirer vanité; elle rongea le trou, l'agrandit et invita ses compagnes à un festin.

— Venez chez moi vous amuser, leur

dit-elle, il y aura de quoi vous régaler toutes !

Quand elle eut amené les souris, elle ne put retrouver le trou ; le moujik, apercevant cette ouverture dans le plancher, l'avait bouchée.

LE LOUP ET LA POUSSIÈRE

FABLE

Un loup cherchait à dérober un agneau et suivait la direction opposée au vent, afin que la poussière que soulevait le troupeau le dérobât aux regards.

Le chien de garde l'aperçut et lui cria :

— C'est inutile, mon loup, de marcher dans la poussière ; tu auras mal aux yeux.

Et le loup lui répondit :

— Voilà précisément le malheur, mon petit chien, c'est que j'ai mal aux yeux depuis bien longtemps, et l'on dit que la poussière que soulève un troupeau est un excellent remède pour la vue.

LE CHIEN ENRAGÉ

HISTOIRE VRAIE

Un barine acheta un jeune chien et l'emporta chez lui dans la manche de sa pelisse.

La barinia s'éprit du petit chien et lui prodiguait les plus tendres soins.

On lui donna le nom de Droujok[1].

---

[1] Ami.

Il allait à la chasse avec son maître, gardait la maison et jouait avec les enfants du barine.

Un jour, un autre chien s'introduisit dans le jardin; il courait droit devant lui, la queue baissée, la gueule ouverte, d'où s'échappait la bave.

Les enfants se trouvaient dans le jardin.

Le barine, apercevant ce chien, leur cria :

— Enfants! rentrez vite à la maison; c'est un chien enragé!

Les enfants entendirent l'ordre; mais n'apercevant pas le chien, ils se mirent à courir dans sa direction.

Le chien allait se jeter sur un des enfants; mais, au même moment, Droujok s'élança et mordit l'animal.

Les enfants se sauvèrent; mais lorsque Droujok revint à la maison, il geignait, et son cou portait les traces d'une morsure. Dix jours après, Droujok devint sombre. Il ne buvait pas, ne mangeait pas, et, un jour, il mordit un jeune chien; alors, on l'enferma dans une chambre noire. Les enfants, ne comprenant pas pourquoi l'on enfermait Droujok, allèrent, en cachette, voir ce que faisait le petit chien.

Ils ouvrirent la porte et l'appelèrent.

Droujok faillit les renverser en s'élançant dans la cour, puis il alla se cacher dans le jardin, sous un arbre.

Lorsque la barinia vit Droujok, elle l'appela; mais le chien ne vint pas, n'agita pas sa queue, et ne la regarda même pas.

Son regard était trouble, et la bave sortait de sa gueule.

La barinia appela son mari :

— Viens vite! on a laissé échapper Droujok, il est complétement enragé.

Pour l'amour de Dieu, fais-le abattre!

Le barine apporta son fusil et s'approcha de Droujok; puis, il l'ajusta, mais sa main tremblait. Il fit feu ; la balle, au lieu de l'atteindre à la tête, pénétra dans les reins.

Le chien hurla de douleur et se débattit. Le barine se baissa pour voir la blessure.

L'animal avait les reins tout ensanglantés et les pattes de derrière fracassées.

Droujok rampa vers son maître et lui lécha le pied.

Le barine tressaillit, fondit en larmes et s'éloigna rapidement.

On appela un chasseur qui acheva Droujok et l'emporta.

LE LION ET LE CHIEN

HISTOIRE VRAIE

Dans une ménagerie, à Londres, où l'on montrait deux bêtes féroces, chaque spectateur devait payer sa place en espèces, ou fournir des chiens et des chats pour le repas des fauves. Un barine désireux de voir ces animaux s'empara dans la rue d'un petit chien et l'apporta dans la ménagerie.

On le laissa entrer; on prit le chien, qui fut jeté dans la cage du lion. Le petit chien releva sa queue et se blottit dans un coin de la cage.

Le lion s'approcha du petit animal et le flaira; le jeune chien s'étendit sur le dos, leva ses petites pattes et agita sa queue.

De son énorme patte, le lion le retourna.

Le chien se releva vivement et se mit à faire le beau devant le roi des animaux.

Le lion contempla le chien, tourna sa tête à droite et à gauche, sans le toucher.

Quand le maître de la ménagerie jeta de la viande au lion, l'animal en détacha un morceau et le laissa au chien.

Le soir, lorsque le lion se coucha, le petit chien s'étendit près de lui et appuya sa tête sur la patte du fauve.

Depuis ce jour, le petit chien vivait dans la cage du lion, qui ne le touchait pas. Ils mangeaient, dormaient ensemble; le lion parfois daignait jouer avec lui.

Un jour, le même barine revint à la ménagerie et reconnut le chien; il demanda alors au maître de la ménagerie de lui rendre cet animal.

Le maître y consentit; mais lorsqu'on appela le chien pour le retirer de la cage, le poil du fauve se dressa, et l'animal rugit.

On les laissa donc, et ils vécurent toute une année en compagnie l'un de l'autre.

Mais au bout d'un an, le chien tomba malade et mourut. Le lion cessa alors de manger; il flairait et léchait le chien ou le retournait de sa patte. Quand il comprit que l'animal était mort, il bondit; son poil se hérissa, et, fouettant son corps de sa queue, il se jeta sur les barreaux de sa cage et les mordit; il s'agita, se débattit tout le jour en rugissant, puis il s'étendit près du chien mort et se calma.

Le maître voulait emporter le cadavre du chien, mais le lion ne laissait approcher personne. On pensa que l'animal oublierait son chagrin, si on lui donnait un autre chien; mais le lion, aussitôt, le mit en morceaux. Puis, il prit dans ses pattes le cadavre de son petit compagnon, et resta pendant cinq jours immobile; le sixième jour, il mourut.

LE RENARD ET LE BOUC

FABLE

Un bouc avait soif; il descendit dans un puits, but et devint si lourd qu'il ne put remonter; alors, il se mit à gémir. Le renard l'aperçut et lui dit :

— Quel sot tu fais! Si tu avais autant d'esprit dans la tête que de poils à la barbe, tu aurais avant de descendre songé au moyen à prendre pour remonter.

LE JEUNE CERF ET SON PÈRE

FABLE

Un jeune cerf dit un jour à son père :

— Petit père, tu es plus grand et plus agile que le chien, et de plus tu as deux cornes pour te défendre ; pourquoi donc le crains-tu ?

Le vieux cerf se mit à rire et dit :

— Tu dis vrai, mon enfant ; mais malheureusement, dès que j'entends les aboiements d'un chien, j'ai peur et je m'enfuis.

LE MOUJIK ET LE CHEVAL

FABLE

Un moujik partit pour la ville afin d'acheter de l'avoine pour son cheval.

A peine eut-il quitté le village, que le cheval tourna bride et revint du côté de la maison.

Le moujik fouetta le cheval.

Le cheval partit en pensant : « Quel imbécile! où veut-il me faire aller? Ne vaudrait-il pas mieux retourner chez nous? »

Avant d'arriver à la ville, le moujik s'aperçut qu'il était fatigant pour son cheval de marcher dans la boue, et lui fit prendre le milieu de la chaussée.

Et, de nouveau, le cheval tourna bride.

Alors, le moujik fouetta encore le cheval

qui resta sur la chaussée et pensa : « Pourquoi m'a-t-il conduit sur la chaussée, où je vais briser mes fers ? le sol est si dur ! »

Le moujik s'arrêta devant une boutique, acheta l'avoine et s'en retourna.

Quand il arriva à la maison, il donna l'avoine au cheval ; et, tout en mangeant, l'animal songeait :

« Que les hommes sont bêtes ! Ils se croient plus intelligents que les animaux ; cependant, ils ont moins d'esprit que nous. Pourquoi tout ce mal ?... Pourquoi ce voyage ? Pourquoi me dérangea-t-il ? Nous avons beaucoup voyagé, et pourtant nous sommes revenus ; il eût mieux valu rester chez nous, lui, sur son fourneau, et moi, à manger mon avoine. »

LE LION, L'OURS ET LE RENARD

FABLE

Le lion et l'ours, ayant dérobé un morceau de viande, se battaient à qui l'aurait.

Ni l'un ni l'autre ne voulaient céder ; ils luttèrent si longtemps, qu'ils se lassèrent et s'endormirent.

Le renard vit entre eux la viande, s'en empara et s'enfuit.

LA GRENOUILLE ET LE LION

FABLE

Le lion entendit coasser la grenouille et eut peur; il pensa que c'était un grand fauve qui criait de la sorte.

Il attendit un instant, et ne vit rien qu'une grenouille qui sortait de la mare.

Le lion l'écrasa sous sa patte et dit :

— Dorénavant, je ne m'effrayerai plus avant de voir.

L'ÉLÉPHANT

FABLE

Un Indien avait un éléphant. Le maître nourrissait mal l'animal et le faisait travailler beaucoup.

Un jour, l'éléphant se fâcha, et écrasa son maître.

L'Indien mourut; alors, la femme de l'Indien se mit à pleurer, apporta ses enfants devant l'éléphant et lui dit :

— Éléphant! tu as tué le père, tue aussi les enfants.

L'animal regarda ces enfants; il prit, avec sa trompe, l'aîné, l'éleva doucement et le mit sur son cou; et depuis l'éléphant obéit à cet enfant et travailla pour lui.

LE SINGE ET LE POIS

FABLE

Le singe tenait deux cosses de pois; un grain tomba; le singe voulut le ramasser et en laissa tomber vingt autres.

En les cherchant, il dissémina le reste.

Alors, il se fâcha, piétina tous les pois et s'en fut.

LE CERF

FABLE

Un cerf, s'approchant de la rivière pour boire, se vit dans l'eau, et fut très-satisfait à la vue de ses cornes si hautes et si rameuses; mais en regardant ses jambes, il se dit :

— Mes jambes sont maigres et faibles!

Tout à coup, surgit un lion qui se jeta sur le cerf.

Le cerf se mit à courir à travers les champs, et prit de l'avance sur le lion; à peine fut-il entré dans la forêt, que ses cornes s'accrochèrent dans les branches et que le lion le saisit.

Alors le cerf s'écria :

— Quel sot je suis! Mes jambes, que

j'accusais de faiblesse, allaient me sauver; tandis que ces cornes dont j'étais si fier me perdent.

LE CHIEN ET LE LOUP

FABLE

Un chien s'endormit en dehors de la cour. Un loup affamé survint et voulut le dévorer.

Le chien lui dit :

— Loup! patiente un peu, avant de me manger; je suis maintenant maigre, osseux; laisse-moi un peu de temps, mes maîtres vont bientôt célébrer un mariage; j'aurai beaucoup à manger, j'engraisserai et je serai plus appétissant.

Le loup eut confiance dans les paroles du chien, et s'éloigna.

Quand il revint de nouveau, il aperçut le chien étendu sur le toit.

— Eh bien, lui demanda le loup, ce mariage a-t-il eu lieu ?

— J'ai une recommandation à te faire, répondit le chien. Quand une autre fois tu me trouveras à ta portée, n'attends pas le mariage !

LE LOUP ET L'ARC
FABLE

Un chasseur, avec son arc et ses flèches, s'en alla à la chasse ; il tua un chevreuil et l'emporta sur son dos.

Sur la route, il aperçut un sanglier.

Le chasseur posa le chevreuil à terre et tira sur le sanglier.

Le sanglier se jeta sur le chasseur, l'éventra, et tous deux expirèrent en même temps.

Le loup flaira le sang et s'approcha de l'endroit où étaient étendus le sanglier, le chevreuil, le chasseur et son arc.

Le loup tout joyeux pensa :

— Voilà de quoi manger pour longtemps ; seulement, il ne faut pas dévorer tout à la fois, mais petit à petit ; et pour que rien ne se perde, je mangerai d'abord ce qui est le plus dur, et je garderai pour mon dessert ce qui est plus tendre et plus doux.

Le loup flaira successivement le chevreuil, le sanglier et l'homme, et il se dit :

— Ceci est tendre, je le mangerai après ; d'abord, je vais manger les cordes de cet arc. Et il se mit à ronger les cordes.

Quand il eut rompu la corde, l'arc se détendit et frappa le loup au ventre; l'animal expira aussitôt.

Et les autres loups mangèrent et le chevreuil, et le sanglier, et le chasseur et leur confrère.

LE LOUP ET LE MOUJIK

CONTE

Un loup, poursuivi par un chasseur, rencontra un moujik qui revenait des champs, portant un sac et une chaîne à battre le blé. Alors le loup lui dit :

— Moujik, cache-moi! les chasseurs me poursuivent.

Le moujik eut pitié du loup, le cacha

dans son sac, et le mit sur son épaule.

Les chasseurs vinrent et demandèrent au moujik s'il n'avait pas vu le loup.

— Non, je ne l'ai pas vu! répondit le moujik.

Les chasseurs s'éloignèrent, le loup sortit du sac, et se jeta sur le moujik.

Et le moujik s'écria :

— Oh! loup ingrat! tu n'as pas de honte? je viens de te sauver la vie, et c'est moi que tu veux dévorer!

Le loup lui répondit :

— Un bienfait s'oublie!

— Non, reprit le moujik, un bienfait ne s'oublie pas; interroge qui tu voudras, on te le dira.

Et le loup reprit :

— Eh bien, soit! Allons ensemble sur la route, nous demanderons à la première personne que nous rencontrerons si un bienfait s'oublie ou non. Si l'on me dit « Non », je te laisserai vivre. Si c'est le contraire, je te mangerai !

Et ils continuèrent leur route.

Bientôt ils rencontrèrent un vieux cheval.

Le moujik lui demanda :

— Dis-moi, cheval, si un bienfait s'oublie ou non.

Le cheval dit :

— Voilà ce que je sais, moi. J'ai vécu douze ans chez mon maître, et je lui ai donné douze chevaux, et, en même temps, je l'ai aidé dans la culture; l'an passé, je devins aveugle; alors il me fit travailler au moulin. Enfin, je perdis mes forces, et, un jour, je tombai sous la roue. On me frappa, on me traîna par la queue, et l'on me mit dehors. Quand je revins à moi, je m'éloignai. Où je vais? je n'en sais rien !

Alors le loup dit :

— Vois-tu, moujik, qu'un bienfait s'oublie?

Et le moujik répondit :

— Attends encore, et demandons à un autre.

Plus loin, ils rencontrèrent un vieux chien qui boitait et se traînait avec peine.

Le moujik demanda :

— Chien, dis-nous si un bienfait s'oublie ou non.

—Voilà ce que je dirai, répondit le chien; j'ai vécu quinze ans chez mon maître; je gardais sa maison, j'aboyais, je me jetais sur les malfaiteurs pour les mordre; mais aujourd'hui que je n'ai plus de dents, on m'a chassé de la cour, on m'a poursuivi avec un trait dont on m'a frappé; j'ai les reins brisés, et je me traîne comme je peux, je ne sais où, mais je veux m'éloigner le plus possible de mon ancien maître.

Et le loup reprit :

— Entends-tu ce qu'il dit?

Et le moujik répondit :

— Attends la troisième rencontre!

Plus loin, ils rencontrèrent un renard.

— Dis-moi, renard, reprit le loup, un bienfait s'oublie-t-il ou non?

— Pourquoi, dit le renard, veux-tu savoir cela?

Le moujik répondit :

— Voici pourquoi. Le loup était poursuivi par des chasseurs, il me pria de le cacher, et maintenant, il veut me dévorer.

— Est-ce qu'un si grand loup peut se placer dans un sac? Si je voyais cela, je vous mettrais d'accord, repartit le renard.

— Il s'y est glissé entièrement, s'écria le moujik, il te le dira lui-même.

— C'est vrai! répondit le loup.

Alors le renard reprit :

— Montre-moi donc comment tu as pu te faufiler dans le sac, je ne le croirai qu'en le voyant.

Le loup se glissa dans le sac et dit :

— Voilà comment j'ai fait!

— Entre entièrement, insista le renard, car je ne vois pas!

Le loup entra tout à fait dans le sac, et le renard dit au moujik :

— Maintenant il faut le lier.

Le moujik lia le sac, et le renard lui dit :

— Montre maintenant, moujik, comment tu bats le blé!

Le moujik se mit à rire et battit le loup avec la chaîne; puis il reprit :

— Regarde, renard, battre le blé,

comme sous la chaîne le grain s'ouvre. — Et il donna un coup sur la tête du renard, le tua, en disant :

— Un bienfait s'oublie !

COMMENT LE LOUP DRESSE SES PETITS.
CONTE

En suivant la grande route, j'entendis quelqu'un crier derrière moi. Je me retournai et j'aperçus un jeune pâtre qui traversait la prairie en courant et me désignant quelque chose du doigt.

Je suivis du regard la direction de son doigt et je vis deux loups qui couraient dans les champs : l'un était vieux, l'autre jeune.

Le jeune emportait un agneau égorgé

qu'il retenait par la patte; le vieux suivait par derrière.

A la vue de ces loups, je me mis avec le pâtre à les poursuivre, et tous deux nous criâmes au secours.

Nos cris firent accourir les moujiks avec leurs chiens.

Aussitôt que le vieux loup aperçut nos chiens, il s'approcha de l'autre loup, saisit l'agneau, le jeta sur son dos, et tous deux disparurent bientôt.

Alors, le gamin nous raconta comment la chose s'était passée.

Le vieux loup, sortant tout à coup du ravin, avait saisi l'agneau, l'avait égorgé et l'emportait, lorsque le plus jeune vint à sa rencontre.

Le vieux lui avait laissé porter l'agneau, tout en veillant au butin; ce fut seulement au moment du danger que le vieux, oubliant tout dressage, avait repris l'agneau, et s'était sauvé avec sa proie.

LE FAUCON ET LE COQ

FABLE

Un faucon se familiarisa si bien avec son maître, qu'il venait se poser sur sa main dès que celui-ci l'appelait.

Le coq, au contraire, fuyait son maître et criait à son approche.

Le faucon dit un jour au coq :

— Vous autres coqs, vous n'avez pas le sentiment de la reconnaissance; vous êtes bien d'une race servile, vous n'allez à vos maîtres que poussés par la faim. Quelle différence avec nous, oiseaux sauvages! nous sommes forts, notre vol est plus rapide que le vôtre, et cependant, nous ne fuyons pas les hommes; au contraire, nous nous posons sur leur main quand ils nous appellent; nous nous souvenons que nous leur devons notre pain.

Le coq lui répondit :

— Vous ne fuyez point les hommes, parce que vous n'avez jamais vu un faucon rôti, tandis que nous, nous voyons journellement un coq à la broche.

LE MOINEAU ET LES HIRONDELLES

RÉCIT

Un jour, j'étais dans la cour et je regardais un nid d'hirondelles au bord du toit. Je vis deux hirondelles s'envoler, et le nid resta vide.

Pendant leur absence, un moineau vint du toit, se posa sur le bord du nid. Il regarda avec soin tout autour de lui, battit de l'aile et se faufila dans le nid. Puis il sortit sa petite tête et se mit à piauler.

Bientôt après, une des hirondelles revint au nid; elle voulait entrer, mais aussitôt qu'elle vit l'hôte, elle se mit à crier et s'enfuit.

Le moineau resta, piaulant toujours.

Tout à coup arrive une bande d'hirondelles; chacune d'elles, à tour de rôle, s'approchait du nid, le regardait et s'envolait.

Le moineau ne s'intimidait point, tournait la tête et chantait.

Les hirondelles vinrent de nouveau, s'arrêtèrent un peu, et s'envolèrent.

Ce n'était pas pour rien qu'elles faisaient ce manége! Chacune d'elles apportait de la terre dans son bec, et peu à peu, nos hirondelles bouchaient l'entrée du nid. Elles allaient et venaient, et l'ouverture se rétrécissait de plus en plus. D'abord on ne vit plus que le cou du moineau, puis sa tête, puis son bec; enfin, on ne vit plus rien.

Les hirondelles l'avaient complétement cloîtré dans le nid.

Ensuite elles tournèrent en sifflant autour de la maison.

LA PIE ET LES PIGEONS

FABLE

La pie, voyant qu'on nourrissait bien les pigeons, se farda et s'introduisit dans le pigeonnier; les pigeons crurent que c'était un des leurs et l'accueillirent.

Mais la pie s'oublia et se mit à pousser un cri de pie; alors les pigeons lui donnèrent des coups de bec et la chassèrent.

La pie revint chez les siens, mais ses compagnes s'effrayèrent de la voir toute blanche de farine, et la chassèrent aussi.

LE TZAR ET LE FAUCON

FABLE

Un tzar, à la chasse, lança son faucon favori à la poursuite d'un lièvre et le suivit.

Quand le faucon eut saisi le lièvre, le tzar le reprit, puis il chercha de l'eau pour se désaltérer.

Il trouva une source où l'eau ne tombait que goutte à goutte. Alors le tzar posa sa coupe sous le mince filet d'eau, et lorsque la coupe fut pleine, il la porta à ses lèvres.

Tout à coup, le faucon s'agita sur la main du tzar et, d'un coup d'aile, renversa l'eau.

Le tzar remplit de nouveau la coupe; il attendit longtemps, et, dès que celle-ci fut pleine, il la porta pour la seconde fois à ses lèvres.

Et le faucon s'agita et renversa encore la coupe.

Pour la troisième fois, le tzar remplit sa coupe et essaya de boire; mais, de nouveau, le faucon la renversa de son aile.

Du coup le tzar se fâcha; il frappa le faucon de toutes ses forces contre une pierre et le tua. A ce moment, arrivèrent les serviteurs du tzar qui coururent au bord de la source pour remplir la coupe.

Mais ils ne rapportèrent pas d'eau, et revinrent la coupe vide :

— Il ne faut pas boire cette eau, dit l'un d'eux; car un serpent a jeté tout son venin dans la source et l'a empoisonnée; le faucon a bien fait de renverser la coupe, et, si tu avais bu, tu serais mort.

Le tzar s'écria :

— J'ai bien mal récompensé le faucon; car il m'a sauvé la vie, et je l'ai tué.

LE CHOUCAS

FABLE

Un ermite aperçut un jour, dans la forêt, un faucon qui emportait dans son nid un morceau de viande; puis il vit l'oiseau déchirer sa proie en morceaux qu'il donnait à manger à un jeune choucas.

L'ermite fut surpris de voir un faucon nourrir un jeune choucas.

« Grâce à la Providence, ce jeune choucas ne souffre pas de la faim. Dieu apprend à ce faucon à nourrir cet orphelin étranger. Dieu nourrit donc tous ces êtres animés, et nous, nous ne pensons qu'à nous-mêmes. Je ne me soucierai plus de moi, et je ne ferai plus de provisions; puisque

Dieu prend soin de ses créatures, il aura soin aussi de moi. »

C'est ce qu'il fit.

Il s'assit dans la forêt, ne bougea plus et passa son temps en prières. Il resta ainsi trois jours et trois nuits, sans manger ni boire; le troisième jour, il était si faible qu'il ne pouvait même plus lever le bras. Il s'endormit de faiblesse et fit un rêve. Il lui semblait qu'un vieil homme s'approchait de lui et lui disait :

— Pourquoi ne cherches-tu pas ta nourriture? Tu penses être ainsi agréable à Dieu, et tu ne fais que pécher. Dieu a disposé le monde de façon que chacun subvienne à ses besoins; il ordonna au faucon de nourrir le jeune choucas parce que, sans le faucon, le jeune oiseau serait mort de faim; tandis que toi, tu peux travailler de tes mains, tu veux te nir

Dieu ! et c'est un péché ! Réveille-toi et travaille comme auparavant !

L'ermite se réveilla, et vécut comme il l'avait fait jusqu'à ce jour.

LE CANARD ET LA LUNE

FABLE

Un canard cherchait un poisson dans la rivière, mais de la journée n'en trouva.

La nuit venue, la lune se refléta dans l'eau, et le canard, croyant voir un poisson, plongeait et replongeait sans cesse pour le saisir.

Les autres canards l'aperçurent et se moquèrent de lui; il en fut si honteux et, depuis ce jour, il resta si intimidé qu'il n'osa même plus prendre le poisson qu'il trouvait, et mourut de faim.

LE LIÈVRE ET LES HIBOUX

FABLE

La nuit tombait; les hiboux commençaient à voltiger dans la forêt, cherchant quelque butin.

Un grand lièvre sauta dans la clairière et se promenait comme un fanfaron.

Un vieux hibou jeta un coup d'œil sur le lièvre et s'assit sur une branche.

Alors un jeune hibou lui dit :

— Eh bien, pourquoi ne fais-tu pas la chasse à ce lièvre?

Le vieux lui répondit :

— C'est au-dessus de mes forces, il est trop gros; si je lui enfonce mes pattes dans le dos, il peut m'entraîner dans le taillis.

Et le jeune hibou reprit :

— Eh bien, moi, je le saisirai d'une patte, et de l'autre je me retiendrai à un arbre.

Et le jeune hibou courut au lièvre, enfonça sa patte dans le dos de l'animal, à tel point que toutes ses griffes pénétrèrent les chairs; de l'autre patte, comme il l'avait dit, il se retint à un arbre.

Le lièvre chercha à se dégager, tandis que le hibou murmurait en se cramponnant : — Tu ne m'entraîneras pas. — Mais le lièvre donna une telle secousse qu'il déchira le hibou en deux.

LE CORBEAU ET SES PETITS

FABLE

Un corbeau fit son nid dans une île, et lorsqu'il eut des petits, il voulut les transporter sur le continent.

Il en prit un d'abord pour traverser la mer; mais arrivé à moitié chemin, le vieux corbeau se sentit fatigué, ralentit son vol et se dit :

— Maintenant que je suis fort et qu'il est faible, je puis le porter; mais quand il sera fort et que la vieillesse m'affaiblira, se souviendra-t-il de mes soins, et me portera-t-il d'une place à l'autre ?

Et le vieux corbeau demanda à son fils :

— Quand tu seras fort, et que je serai

faible, me porteras-tu? Réponds-moi franchement!

Le petit corbeau, craignant qu'on ne le laissât tomber dans la mer, répondit :

— Oui, je te porterai!

Mais le vieux corbeau ne crut pas son fils et desserra ses griffes.

Le petit, comme une boule, fut précipité dans l'eau et se noya.

Le vieux corbeau retourna seul, prit un autre petit, et traversa une seconde fois la mer. Fatigué de nouveau, il eut la même pensée, et demanda à celui-ci :

— Me porteras-tu, de place en place, quand je serai vieux, comme je le fais aujourd'hui pour toi?

Animé de la même crainte que son frère, le petit corbeau répondit « Oui ».

Le père ne crut pas davantage en son second fils, et le laissa tomber dans l'eau.

Quand le vieux corbeau revint à son nid, il ne lui restait plus qu'un petit.

Il prit son dernier fils, et dirigea son vol au-dessus de la mer.

Au même point, de nouveau pris de fatigue, il demanda à son petit :

— Me nourriras-tu dans ma vieillesse et me porteras-tu si je suis faible?

Et le jeune corbeau répondit « Non ».

— Pourquoi? demanda le père.

— Quand tu seras vieux, moi, je serai fort, j'aurai mon nid à moi, et mes petits que je nourrirai et que je devrai porter aussi de place en place.

Alors le vieux corbeau pensa :

Il dit la vérité, et pour le récompenser je le porterai sur la rive!

Le vieux corbeau ne lâcha pas le petit, battit des ailes, le porta sur la terre ferme pour qu'il eût, plus tard, des petits.

LA POULE ET SES POUSSINS

CONTE

La poule avait des poussins et ne savait pas comment les abriter.

— Rentrez dans votre coquille, alors je vous abriterai, leur dit-elle.

Les poussins l'écoutèrent, essayèrent d'entrer dans leur coquille, mais ne parvinrent qu'à froisser leurs ailes.

Alors, un des poussins dit à sa mère :

— S'il nous faut rester éternellement dans la coquille, pourquoi nous avoir fait éclore?

L'IMPÉRATRICE CHINOISE SILLINTCHY

HISTOIRE VRAIE

L'empereur chinois Goangtchy avait une favorite qui s'appelait Sillintchy. L'Empereur, désirant que le peuple se souvînt de cette favorite, montra à sa femme le ver à soie et lui dit :

— Apprends ce que l'on peut faire de ce ver, comment on l'élève, et le peuple ne t'oubliera jamais.

Sillintchy se mit à observer les vers et remarqua que lorsqu'ils mouraient, ils étaient enveloppés d'une fine enveloppe (ou cocon) entourée d'une soie qu'elle fila, et de ces fils elle tissa un foulard. Puis, elle remarqua encore que ces vers préféraient les feuilles de mûrier.

Alors elle ramassa les feuilles de cet arbre et en nourrit les vers.

Elle propagea l'espèce, et enseigna au peuple la façon de l'élever.

Depuis cette époque, cinq mille ans se sont écoulés, et les Chinois se souviennent encore de l'impératrice Sillintchy, en l'honneur de laquelle ils célèbrent une fête tous les ans.

COMMENT LES BOUKHARIENS
APPRIRENT À ÉLEVER LE VER A SOIE

HISTOIRE VRAIE

Pendant longtemps, les Chinois seuls savaient élever le ver à soie ; ils gardaien leur secret et vendaient très-cher la soie qu'ils fabriquaient.

Le khan de Boukharie avisé de la chose voulut se procurer ce ver et apprendre à l'élever.

Il demanda aux Chinois des œufs de ver et des graines de l'arbre dont on le nourrissait; mais les Chinois les refusèrent.

Alors, le khan de Boukharie demanda en mariage la fille de l'empereur de Chine, et recommanda à ses ambassadeurs de dire secrètement à la fiancée que tout était en abondance dans son royaume, excepté la soie. Elle devrait donc dérober des œufs de ver à soie, car sans cela, elle n'aurait pas ce beau tissu pour se parer.

La princesse prit des œufs et de la graine, et les dissimula dans sa coiffure.

À la frontière, lorsque les gardes vérifièrent ce qu'elle emportait, aucun d'entre eux ne songea ou n'osa dénouer sa coiffure.

Alors les Boukhariens, guidés par les conseils de la princesse, cultivèrent le mûrier et élevèrent le ver à soie.

LES ESQUIMAUX

DESCRIPTION

Il existe dans le monde un pays où l'été ne dure que trois mois ; tout le reste de l'année, c'est l'hiver.

Pendant l'hiver, les jours sont si courts, que le soleil à peine levé se couche aussitôt, et pendant trois mois de l'année, il ne se lève pas du tout ; de sorte que, pendant ces trois mois, il fait nuit.

Les habitants de ce pays s'appellent Esquimaux ; ces hommes ont un langage à eux, ils ne comprennent pas les autres langues, et ne sortent pas de leur pays.

Les Esquimaux sont de petite taille, ils ont la tête énorme, leur peau n'est pas blanche, mais brune; leurs cheveux sont noirs et durs, leur nez est mince, leurs pommettes sont larges, leurs yeux petits.

Les Esquimaux font leurs huttes dans la neige, et voici comment ils les construisent.

Ils font des briques de neige, et construisent des maisons de la forme d'un grand fourneau; au lieu de vitres, ils posent des glaçons, et, en guise de portes, ils pratiquent une ouverture dans la neige, par laquelle ils s'introduisent dans leurs maisons.

Quand l'hiver vient, ils sont complétement ensevelis dans la neige, sous laquelle ils ont chaud.

Ils se nourrissent de la chair de cerfs, de loups et d'ours blancs; ils pêchent aussi, dans la mer, au moyen de longues perches et de filets.

Ils tuent les animaux à l'aide de flèches et de lances.

Les Esquimaux mangent, comme les animaux féroces, de la viande crue.

Ils ne filent ni le lin, ni le chanvre, qui servent à faire des chemises ou des cordes; ils ne possèdent pas non plus la laine pour fabriquer ce drap.

Leurs cordes sont faites avec les nerfs des animaux, et leurs habits avec les peaux.

Ils portent ces peaux, la laine à l'extérieur; ils en assemblent deux qu'ils piquent avec une arête de poisson, et enfilent dans ces trous les nerfs; ils font de même les tuniques et les bottes.

Ils ne connaissent pas le fer, et font

leurs lances et leurs flèches avec des os.

Ils préfèrent à tout la graisse des animaux et des poissons.

Les femmes s'habillent de la même façon que les hommes, mais elles portent leurs bottes plus larges, afin de pouvoir mettre leurs enfants dans la tige, car c'est ainsi qu'elles les portent.

LA ROSÉE

Lorsque, par une matinée ensoleillée, on va faire un tour dans la forêt, ou dans les champs, on voit sur l'herbe mille diamants, des brillants aux reflets multicolores, jaunes, rouges, bleus ; quand on les regarde de près, on s'aperçoit que ce sont des gouttelettes de rosée qui glissent sur chaque brin d'herbe, et brillent au soleil.

La feuille de cette herbe est velue, à l'intérieur, comme du velours, et les gouttelettes glissent sur cette feuille sans la mouiller.

Et quand on cueille imprudemment ces feuilles pleines de rosée, la gouttelette roule si rapidement qu'on ne la voit pas disparaître.

Il m'est arrivé d'enlever cette coupe naturelle et de la porter doucement à mes lèvres, et de boire cette rosée, et je lui trouvais un goût supérieur à la plus délicieuse boisson.

L'ASSEMBLÉE L'A DÉCIDÉ

Le loup demanda au lion de le nommer maire chez les moutons; il se rendit en personne auprès du lion pour l'en prier, et envoya en même temps son compère, le renard, chez la lionne pour soutenir sa cause.

Mais le lion dit :

— Le loup a mauvaise renommée; je ne veux pas prendre sur moi une telle responsabilité : je vais assembler les fauves, et ils diront ce qu'ils pensent du loup.

Alors, on réunit le peuple fauve. A l'assemblée, personne ne parla mal du loup, et tous consentirent à cette nomination. Les moutons seuls ne furent pas consultés; on avait oublié de les convoquer à l'assemblée.

LES DEUX JUIFS

A l'endroit même où fut construite la ville de Jérusalem, se trouvait autrefois un champ; des Juifs y vivaient, labourant la terre et semant le blé.

Deux frères habitaient là, l'un près de l'autre; tous deux étaient mariés.

Le cadet avait quatre enfants, et l'aîné n'en avait pas.

Après la mort de leur père, au lieu de se partager le champ, ils semèrent en commun; et lorsque le blé fut mûr, ils en firent deux parts égales.

La nuit venue, l'aîné se coucha, mais ne put dormir : « Avons-nous bien partagé le blé? se dit-il. Mon frère a une plus nombreuse famille que moi, il lui faut du pain pour ses enfants. Je vais y veiller tout de suite, et j'augmenterai, de mon blé, sa part, sans qu'il le sache. »

Le cadet se réveilla la nuit, et de son côté se demanda si le partage avait été équitablement fait.

« Nous sommes forts, ma femme et moi, pensa-t-il, et nous avons des enfants qui grandissent et qui nous aideront bientôt; il y aura des bras pour travailler! Tandis que mon frère et sa femme sont plus faibles, il faut donc grossir leur part. »

Il se leva aussitôt, prit du blé qu'il ajouta au lot de son frère.

Le lendemain matin, ils s'aperçurent que leurs parts restaient égales; les deux frères en furent surpris, mais ni l'un ni l'autre n'en parla.

La nuit suivante, ils recommencèrent

tous deux, mais chacun à une heure différente, de sorte qu'ils ne se rencontrèrent pas.

Et, de nouveau, ils retrouvèrent leurs parts égales.

Ce manége dura jusqu'au moment où ils se trouvèrent face à face.

Alors, les frères comprirent pourquoi chacun d'eux avait toujours sa part égale, et, contents l'un de l'autre, ils vécurent en bons amis, et prêts à s'aider en tout.

UN RICHE PAUVRE

Il existait autrefois un pauvre homme qui, se couchant un soir, ne put s'endormir : « Pourquoi, pensait-il, la vie est-elle si pénible pour les pauvres gens ? Et pourquoi les riches accumulent-ils tant d'argent?... Il y en a qui ont des caisses pleines d'or; et pourtant ils amassent encore, et se privent de tout. Si j'étais riche, moi, ce n'est pas ainsi que je vivrais; je me donnerais du bon temps, et j'en procurerais aux autres aussi. »

Tout à coup il entendit quelqu'un lui dire :

— Tu veux être riche? Voici une bourse; il ne s'y trouve qu'un écu, mais aussitôt que tu l'auras pris, un autre le remplacera. Retire donc autant d'écus que tu voudras, et ensuite jette la bourse dans la rivière. Mais, avant de jeter la bourse, aie soin de ne pas dépenser un seul de tes écus, sinon ils se transformeraient tous en pierres.

Le pauvre homme était fou de joie. Quand il fut plus calme, il s'occupa de la bourse. A peine a-t-il pris un écu qu'il en voit surgir un autre dans la bourse.

— Voyez-vous, murmura-t-il, le bonheur qui m'arrive ! Toute cette nuit, je vais en retirer un gros tas d'écus, et demain je serai riche ! Dès le matin, je jetterai la bourse dans l'eau, et je vivrai à ma guise.

Mais le matin, il changea d'avis.

—Pour en retirer encore autant, dit-il, je n'aurais qu'à rester une seule journée devant ma bourse.

Il en retira donc tout le jour, puis il en voulut encore, et encore, ne pouvant se décider à quitter la bourse.

Cependant, il sentit la faim, et s'aperçut qu'il n'avait rien chez lui, que du pain noir. Aller acheter quelque chose de meilleur, c'était chose impossible; car il n'aurait plus que des pierres au lieu d'argent s'il ne jetait pas auparavant la bourse dans la rivière. Il aurait bien voulu manger, mais non pas se séparer de la bourse. Il mangea donc, le malheureux, du pain rassis, et continua de tirer les écus.

La nuit vient, et il ne s'arrête pas encore. Une semaine s'écoule, un mois, puis une année, et il reste toujours près de la bourse.

— Qui ne serait pas satisfait d'avoir beaucoup d'argent? Tout le monde en veut avoir le plus possible!

Il continue donc de vivre, en mendiant, oubliant qu'il avait désiré vivre pour son propre plaisir et pour celui des autres.

De temps en temps il prend une grande résolution : il s'approche de la rivière pour y jeter la bourse, mais il s'en éloigne aussitôt. Il est maintenant vieilli, jauni lui-même comme son or, mais il ne peut cesser de tirer des écus.

Il meurt ainsi, pauvre, sur son banc, la bourse entre les mains.

LE ROLE LE PLUS DIFFICILE

Le mari et la femme discutaient souvent sur le point de savoir lequel des deux dans le ménage avait le rôle le plus difficile; l'homme disait que c'était le sien, et la femme prétendait le contraire.

Un jour d'été, ils changèrent d'occupations : la femme s'en alla aux champs, et le mari garda la maison.

— Fais bien attention! dit en partant la femme; fais sortir à temps les vaches et les moutons; donne à manger aux poussins, et prends garde qu'ils ne s'égarent; prépare le dîner avant mon retour, fais les crêpes et bats le beurre; n'oublie pas, surtout, de piler le millet.

La baba donna donc les ordres nécessaires, et partit.

Avant que le moujik eût pensé à faire sortir le bétail, les animaux étaient déjà loin, et c'est avec peine qu'il put les rejoindre.

Il revint à la maison, et pour qu'un milan ne pût enlever les poussins, il les attacha l'un à l'autre par les pattes, et fixa l'extrémité de la ficelle à la patte de la poule.

Il avait remarqué que sa femme, tout en pilant le millet, pétrissait la pâte; il voulut donc faire comme elle. Il se mit à pétrir la pâte et à piler le millet; et, pour pouvoir battre le beurre en même temps, il attacha le pot de crème à sa ceinture. « Lorsque le millet sera pilé, pensa-t-il, le beurre sera prêt aussi. »

A peine le moujik eut-il commencé, qu'il entendit la poule crier : « Kirikiki! » et les poussins piauler. Il voulut courir pour voir ce qui se passait dans la cour, mais il trébucha, tomba, et le pot de crème fut brisé. Cependant, il se précipite dans la cour, et il aperçoit un énorme milan qui saisit un poussin et l'enlève avec les autres, ainsi que la poule. Pendant que le moujik restait bouche bée, le porc pénétra dans l'izba, renversa le pétrin, la pâte se répandit très à propos pour l'animal qui se mit à la dévorer.

Un autre porc se fourra dans le millet, tandis que le feu s'éteignit.

Le moujik rentra et, devant tous ces malheurs, ne sut plus où donner de la tête.

La femme, en revenant, regarde dans la cour : plus de poules; elle détèle vivement le cheval et entre aussitôt dans l'izba.

— Où sont les poussins et la poule ?

— Un milan les a emportés; j'avais attaché la poule et les poussins pour ne pas qu'ils s'égarent, mais un énorme milan survint et les emporta.

— Et le dîner est-il prêt?

— Quel dîner? puisqu'il n'y a pas de feu?

— As-tu battu le beurre ?

— Mais, non! en courant dans la cour, je me suis heurté et j'ai été culbuté; le pot s'est cassé, et les chiens ont mangé la crème.

— Et qu'est-ce que c'est que cette pâte qui est répandue?

— Les maudits cochons! pendant que j'étais dans la cour, ils ont pénétré dans l'izba; l'un a renversé le pétrin, et l'autre le millet dans le mortier.

— Comme tu as bien travaillé! dit la baba. Moi, j'ai labouré mon champ, et je reviens de bonne heure.

— Ah! oui! là-bas il n'y a qu'une chose

à faire, tandis qu'ici, il faut tout faire à la fois; prépare ceci, soigne cela, songe à tout, comment y arriver?

— Et moi cependant, j'y arrive chaque jour; ne discute donc plus, et ne dis plus que les babas n'ont rien à faire.

LES DEUX GELS

Deux Gels, deux frères [1], se promenaient dans un vaste champ; ils sautillaient d'une jambe sur l'autre et secouaient leurs bras. L'un des Gels dit à l'autre :

— Gel-Nez-Rouge, que faire pour s'amuser, geler un peu les gens?

L'autre répondit :

[1] Chez le peuple russe, le *Moroz*, qu'on peut traduire par Gel en français, est considéré comme le mauvais génie du Froid.

— Gel-Nez-Bleu, si nous voulons geler les gens, il ne faut pas rester dans la prairie. Le champ est tout couvert de neige; les routes sont impraticables; personne n'y passera, ni à pied, ni en voiture. Allons plutôt dans la forêt; il y a, il est vrai, moins d'espace, mais c'est plus amusant. Nous attendrons; et il est possible que nous fassions quelque rencontre.

Aussitôt dit, aussitôt fait!

Les deux Gels, les deux frères, s'en vont dans la forêt. Ils courent, s'amusent en route, sautillant d'une jambe sur l'autre, et faisant craquer les sapins et les pins. Le vieux sapin craque, le jeune pin grince. A peine les deux frères ont-ils passé sur la neige molle, qu'il se forme aussitôt une couche de glace. Si quelque brin d'herbe émerge de la neige, ils soufflent et le couvrent de givre.

Tout à coup, ils entendent d'un côté une sonnette, et de l'autre un grelot; la sonnette annonce l'arrivée d'un barine, et le grelot celle d'un moujik.

Les Gels se mirent alors à discuter sur le choix de celui que chacun d'eux gèlerait. Le Gel-Nez-Bleu, étant le plus jeune, dit :

— Moi, je préférerais poursuivre le moujik, j'en viendrais plus vite à bout; son káftan est vieux, rapiécé, son bonnet est tout troué, et aux pieds, il n'a que ses lapti[1]; je crois bien qu'il s'en va abattre des arbres. Et toi, frère, comme tu es plus fort que moi, poursuis le barine; tu vois bien qu'il a une pelisse en fourrure d'ours, un bonnet en renard, et des bottes en peau de loup. Je ne pourrais pas lutter avec lui.

Le Gel-Nez-Rouge sourit.

[1] Chaussons.

— Tu es encore jeune, frère! dit-il; enfin, il sera fait comme tu le désires. Cours après le moujik, je me charge du barine. Nous nous trouverons ce soir; nous saurons alors lequel de nous deux aura éprouvé le plus de difficulté.

Au revoir!

— Au revoir, frère!

Ils sifflèrent, claquèrent et se séparèrent. Au coucher du soleil, ils se rencontrèrent de nouveau dans le champ désert, et se demandèrent mutuellement des nouvelles de leurs exploits.

— Ah! frère, je pense que tu as eu bien de la fatigue avec le barine, dit le plus jeune, et, je le crains, sans résultat, car il n'était guère facile de l'empoigner!

L'aîné se mit à rire :

— Eh! dit-il, frère Gel-Nez-Bleu, tu es jeune et simple! Je l'ai si bien transi qu'il lui faudra plus d'une heure encore pour se réchauffer.

— Et sa pelisse, et son bonnet, et ses bottes donc ?

— Rien n'y a fait; je me suis faufilé dans sa pelisse, et sous son bonnet, et dans ses bottes; alors, je me suis mis à le geler! Et lui de se serrer, de s'envelopper, pensant : « Je vais essayer de ne faire aucun mou-
« vement, peut-être qu'ainsi la gelée aura
« moins de prise sur moi. » Mais justement, cela m'allait mieux, et je m'amusai à ses dépens, si bien qu'on l'emmena presque mourant à la ville. Eh bien, et ton moujik, qu'en fis-tu ?

— Eh! frère Gel-Nez-Rouge, c'est une mauvaise farce que tu m'as jouée là : pourquoi ne m'as-tu fait comprendre, auparavant, la difficulté de l'entreprise ? Je pensais que je gèlerais le moujik, et voilà que c'est lui qui a failli me briser les côtes.

— Comment cela ?

— Voilà. Il s'en allait, comme tu l'as vu, couper du bois. En route, je commençai à le piquer, mais il ne parut pas s'en soucier et m'injuria : « Et ce gel par-ci, et ce gel par-là »; je m'en offensai, et je me mis à le piquer, à le pincer plus fort, mais ce jeu ne dura pas longtemps. Il arrive, descend de son traîneau, prend sa hache et se met au travail. Je croyais que j'allais pouvoir le saisir; j'entrai sous son kaftan et je le mordis; et lui brandissait sa hache avec tant de force que des éclats de bois volaient de tous côtés, et que la sueur couvrait son front. Je vis que cela allait mal et que je ne pourrais rester sous son kaftan. Enfin, une vapeur émana de lui, et je m'écartai vivement. « Que faire ? » pensai-je, et le moujik travaillait, travaillait toujours, et au lieu d'avoir froid, il avait chaud. Je vis, soudain, qu'il ôtait son kaftan; je m'en réjouis : « Attends donc, c'est maintenant, murmurai-je, que je vais te montrer qui je suis ! » Son kaftan était tout humide, je m'y précipitai et je le glaçai à tel point qu'il devint dur comme la pierre : « Mets-le donc un peu. » Quand le moujik eut fini son travail, il s'approcha de son kaftan; mon cœur tressaillit de joie : « Ah! comme je vais m'amuser! » Le moujik regarda le kaftan, et se mit de nouveau à m'injurier. « Injurie, pensai-je, injurie-moi, tu n'arriveras pas à m'en faire sortir. » Alors, il choisit un gros bâton noueux, et se mit alors à frapper son kaftan, à bras raccourci. Il frappe et m'injurie toujours. J'aurais dû me sauver, mais j'étais si bien pris dans la peau de laine que je ne pouvais me dégager. Et lui s'acharnait toujours ; enfin j'ai cru que je ne pourrais rassembler mes os, et c'est avec peine que je me suis sauvé. Mes côtes me démangent encore.

— Une autre fois, dit l'aîné, tu auras plus d'expérience !

LE PLUS RICHE DES HOMMES.

Un jour, le rabbin Tarphon donna à son ami Akiba une forte somme d'argent, et lui dit :

— Mon cher ami, avec cet argent, achète du terrain. Sur nos vieux jours, lorsque nous ne pourrons plus travailler, cette terre nous rapportera et nous assurera du pain.

Akiba prit l'argent et partit en voyage.

Sur sa route, il rencontra des malheureux, des infirmes, à qui il distribua, peu à peu, tout l'argent que Tarphon lui avait confié; et lorsqu'il revint, longtemps après, chez son ami, il avait les poches vides.

Tarphon fut très-joyeux du retour d'Akiba; il se mit à le questionner sur l'acquisition du terrain :

— As-tu acheté une belle propriété? La terre en est-elle fertile? Rapporte-t-elle beaucoup?

— Oh! oui, répondit Akiba, j'ai acquis une belle propriété... si belle, qu'on ne peut trouver la pareille dans le monde entier.

— As-tu l'acte d'achat? reprit Tarphon.

— Certainement, répondit Akiba, et un acte écrit de la main du roi David lui-même; voici, d'ailleurs, ce que dit cet acte : « Celui qui donne largement aux pauvres est le plus riche des hommes. »

A ces paroles, Tarphon se jeta au cou de son ami, l'embrassa tendrement et lui dit :

— Mon cher maître, ce n'est qu'aujourd'hui que moi, rabbin, je vois tout ce que tu peux m'enseigner encore.

LA PREMIÈRE LOI.

Deux savants hébreux, Schammaï et Hillel, ne pouvaient s'entendre en rien. Schammaï était dur et sévère, tandis que Hillel était doux et bon.

Un jour, un païen se rendit chez Schammaï et lui dit :

— Je voudrais adopter la plus juste

croyance, à la condition toutefois que tu m'en apprennes toutes les lois pendant que je vais faire une fois le tour de la chambre sur un pied.

Schammaï se fâcha et le chassa.

Alors, le païen alla voir Hillel et lui fit la même proposition.

— C'est bien, mon fils, répondit Hillel. « Fais aux autres ce que tu désires pour toi-même. » Voilà le fond de notre doctrine! Le reste ne sert qu'à la développer.

BELLE LA GAGNE, BELLE LA DÉPENSE.

Dans une petite ville, au bord de l'Oka[1], vivait un pauvre passeur, nommé Timopheïtch, qui, depuis une dizaine

[1] Fleuve.

d'années déjà, exerçait son métier si peu lucratif.

Le bac avait changé plusieurs fois de propriétaire, mais Timopheïtch était resté passeur. Il était habitué à ce travail, qui assurait sa vie; d'ailleurs, comme il était honnête et qu'il ne trompait jamais son patron sur la recette journalière, il possédait toute la confiance de ce dernier. Tout le monde connaissait l'oncle Timopheïtch, et souvent on le recherchait comme parrain.

Il n'avait pas amassé beaucoup de biens. En dix ans, il n'avait pu s'acheter qu'un kaftan pour les jours de fête, et une pelisse en peau de mouton. Quant au bonnet de peluche, il en désirait un depuis deux ans, et chaque fois qu'il allait au marché chercher du pain et des provisions pour trois ou quatre jours, il ne manquait jamais de s'arrêter devant les magasins. Il contemplait les bonnets, choisissait le meilleur, en discutait le prix, et laissait croire au marchand qu'il viendrait en faire l'emplette aussitôt qu'il aurait réuni la somme nécessaire.

En attendant, il portait de vieux habits.

Bien que Timopheïtch fût habitué à son genre de vie, de temps à autre il enviait ceux qui vivaient mieux que lui.

« Voilà ! pensait-il, pourquoi Dieu a-t-il donné de la fortune à tel ou tel, et rien à moi ? Quel triste sort est le mien ! »

Et il commençait à se plaindre plus amèrement de sa pauvreté, et priait Dieu de lui accorder la fortune.

— C'est alors que je vivrais bien, se disait-il, je n'oublierais pas les pauvres gens ; enfin, je saurais m'y prendre pour vivre comme il faut !

Un jour, Timopheïtch se tenait près de sa cabane, lorsqu'il aperçut, sur l'autre rive, un gendarme qui s'approchait du ponton. Quand cet homme fut sur le bord, il appela Timopheïtch, lui faisant signe d'avancer.

— Que me veut-il ? se demanda le passeur.

Il se rendit auprès du gendarme.

Avant même qu'il fût près de lui, le gendarme ôta son bonnet, le salua, le félicita, et lui présenta ses souhaits de santé et de bonheur. En un mot, il lui débita tant de balivernes que le passeur supposa que le gendarme revenait de quelque joyeuse fête. Et Timopheïtch le regardait sans comprendre.

— Nous avons appris, dit le gendarme, que tu es devenu riche; c'est ton oncle, je crois, qui est mort à Rostov, où il a gagné beaucoup d'argent dans le commerce, et comme il n'a pas d'enfants, tu hérites de tous ses biens. Voilà pourquoi le maire m'a chargé de te féliciter, et de te prier d'aller le voir.

Timopheïtch, ébahi, se gratta la nuque, regarda le gendarme qui restait tête nue devant lui, le saluant et lui souriant. « Il y a quelque chose là-dessous, se dit le passeur, car ces gens-là ne se dérangent pas pour rien. »

— Mais qu'y a-t-il donc, Miron? tu as sans doute fêté l'anniversaire d'un ami? lui demanda Timopheïtch.

Le garde jura sur tous les saints qu'il était réellement envoyé par le maire :
— Viens, ajouta-t-il, il t'apprendra tout!

Timopheïtch se décida à le suivre. Chemin faisant, il cherchait quel pouvait être ce parent de Rostov; alors, il se souvint d'un oncle, qui y vivait depuis longtemps, et dont il n'avait plus entendu parler.

Lorsque Timopheïtch arriva chez le maire, celui-ci lui dit :

— Ton oncle vient de mourir à Rostov; il te laisse deux de ses magasins, et de plus cent mille roubles.

Sans plus attendre, Timopheïtch fit ses préparatifs de voyage; mais malgré toute l'assurance du garde, personne ne voulait croire à la fortune inespérée du passeur, ni lui avancer la somme nécessaire pour le voyage. Quant à lui, il ne possédait pas même cinq roubles.

Tant bien que mal, Timopheïtch put cependant se rendre à Rostov.

Quand le passeur vit toutes les richesses qu'il allait posséder, il ne put d'abord en croire ses yeux. Jamais dans ses rêves il n'avait osé espérer autant. Mais comment gérer cette grande fortune? C'était pour lui une question bien embarrassante.

Il possède tant de traites sur tel marchand, tant sur un autre. Ici, il faut poursuivre; là, plaider, etc..., etc... Ne pas oublier les échéances... Telle marchandise est envoyée avec un commis à Moscou, une autre à la frontière de Kirghis. Les commis écrivent qu'ils attendent des ordres.

Timopheïtch est ignorant; il n'a jamais tenu aucune comptabilité, et maintenant, il lui faudrait dix comptables pour s'acquitter de la besogne. Il perd la tête, ne sait plus que faire. Il n'a personne dans cette ville inconnue pour le conseiller. Il est vrai qu'il y a trouvé beaucoup d'amis, mais pour le tromper et le voler.

L'un l'invite chez lui, le choie, le fête; l'autre se fait inviter pour la crémaillère;

celui-ci le pousse dans de nouvelles entreprises, en lui faisant entrevoir de grands bénéfices à réaliser; celui-là lui présente des anciens comptes de son oncle, auquel Timopheïtch ne comprend goutte. En un mot, le pauvre passeur ne sait plus s'il a ou non sa tête sur ses épaules. Il est malheureux, soucieux comme il ne l'a jamais été. Il perd l'appétit, le sommeil; c'est à se donner la mort.

Timopheïtch se mit alors à boire afin de s'étourdir; le nombre de ceux qui l'aidaient à dissiper son argent était incalculable. Car on mangeait, on buvait, on faisait bombance, toujours à ses frais.

Un jour, il rentra ivre chez lui, prit une lampe qu'il porta dans sa chambre à coucher. Il trébucha et laissa tomber la lampe, qui se cassa; aussitôt le pétrole s'enflamma.

Timopheïtch sortit pour appeler du

secours, mais il traversa deux chambres, puis tomba et s'endormit.

La maison brûla tout entière, et si on ne l'eût retiré, le passeur eût péri dans l'incendie.

Triste fut le réveil du pauvre Timopheïtch; cependant, il respira librement, se sentant le cœur plus léger qu'auparavant.

« Plus de tiraillements maintenant, pensait-il; on ne viendra plus m'obséder par de vaines flatteries, me voler, ouvertement ou non. Je n'aurai plus à courir les tribunaux pour me faire payer, ou payer moi-même des traites. Je ne vivrai plus comme un barine, mais enfin je ne boirai plus. Tout est fini, tout a passé comme un rêve pénible. Cette folle richesse, qui m'est venue sans effort, si je ne l'ai pas gagnée, du moins je l'ai dépensée. »

Il cracha et quitta Rostov.

Il revint dans son pays en lapti, à pied, sans sac de voyage, — n'ayant rien à y mettre, — se nourrissant en route de ce qu'on lui donnait.

Il reprit son emploi, et redevint passeur.

Depuis cette époque, il vit comme auparavant; il est déjà vieux. Tout le monde le connaît, l'aime; et lui, content de son sort, tire la corde du bac, et ne demande plus de richesses à Dieu.

LE JUGEMENT DU RENARD.

Un moujik déposa une plainte contre le mouton. Le renard occupait alors les fonctions de juge. Il fit comparaître devant lui le moujik et le mouton, et se fit expliquer le cas.

— Parle! dit-il au moujik, de quoi te plains-tu?

— Voici, dit le moujik. L'autre matin, je me suis aperçu qu'il me manquait deux poules; je n'en ai retrouvé que les os et les plumes, et pendant la nuit, le mouton seul était dans la cour.

Le renard, alors, questionna le mouton. L'accusé, tremblant, demanda grâce et protection au juge.

— Cette nuit, dit-il, je me trouvais, il est vrai, seul dans la cour; mais je ne saurais répondre au sujet des poules; elles me sont d'ailleurs inutiles, puisque je ne mange pas de viande. Appelez tous les voisins, ajouta-t-il, et qu'ils disent s'ils m'ont jamais tenu pour un voleur.

Le renard questionna longtemps encore le moujik et le mouton sur cette affaire, puis il ajouta sentencieusement :

— Toute la nuit, le mouton est resté avec les poules, et comme les poules sont très-appétissantes, l'occasion était favorable; je juge, d'après ma conscience, que le mouton n'a pas pu résister à la tentation. Par conséquent, j'ordonne d'exécuter le mouton, de donner la chair au tribunal et la peau au moujik.

LE MOUJIK ET LE FLEUVE.

Une rivière a fait beaucoup de mal aux riverains, tantôt emportant un moulin, tantôt perdant les récoltes. Les habitants se sont décidés à porter plainte à un grand fleuve dans lequel se jettent toutes les petites rivières.

— Celui-là, pensent-ils, coule tranquillement; sur ses rives sont construites de grandes villes, jouissant d'une parfaite sécurité; on n'entend jamais parler de malheurs dans le voisinage. Il calmera certainement les petites rivières, se disaient-ils en portant leur plainte.

Ils approchèrent du fleuve, et ils virent les épaves de leurs biens flotter sur ses eaux.

— Cela va mal, dirent-ils alors; les petites rivières partagent avec les grandes. Où faut-il chercher la justice? Ce qui fait le malheur des uns fait le bonheur des autres.

Et ils s'éloignèrent mécontents.

———

LA SOURCE.

Par une chaude journée d'été, trois voyageurs se réunirent auprès d'une fraîche source.

La source se trouvait au bord du chemin, entourée d'arbres et d'un humide gazon ; l'eau, pure comme une larme, coulait dans un bassin creusé naturellement dans la pierre, puis retombait et se répandait dans la plaine. Les voyageurs se reposèrent à l'ombre de ce bosquet, et se désaltérèrent à la source.

Au bord du ruisseau, ils virent une pierre sur laquelle étaient tracés ces mots : « Ressemble à cette source. » Les pèlerins lurent cette inscription, et se demandèrent quelle en était la signification.

— C'est un bon conseil, dit l'un d'entre eux, un marchand.

Le ruisseau coule sans cesse, s'en va au loin, reçoit l'eau des autres sources, et devient grande rivière. C'est ainsi que l'homme doit suivre son chemin, s'occuper de ses affaires, et il aura toujours du succès et amassera des richesses.

— Non, dit le deuxième voyageur, un jeune homme. A mon avis, cette inscription signifie que l'homme doit préserver son âme des mauvais instincts, des mauvais désirs; son âme doit être aussi pure que l'eau de cette source. Cette eau, maintenant, donne la force à tous ceux qui, comme nous, s'arrêtent près de la source; si ce ruisseau avait traversé l'univers et si son eau était trouble, de quelle utilité serait-elle? qui voudrait en boire?

Le troisième voyageur était un vieillard; il sourit et dit :

— Le jeune homme a dit la vérité! Telle est la leçon! Que ce ruisseau donne gratuitement à boire à ceux qui ont soif; il apprendra à l'homme qu'il fait le bien et qu'il le fait à tous indistinctement, sans récompense, et sans compter sur la reconnaissance.

LE SOLEIL ET LE VENT.

Le soleil et le vent se prirent de querelle, chacun d'eux se prétendant le plus fort.

La discussion fut longue, car ni l'un ni l'autre ne voulut céder.

Ils virent un cavalier sur la route et décidèrent d'essayer, sur lui, leurs forces.

— Regarde, disait le vent, je n'ai qu'à me jeter sur lui, pour déchirer ses vêtements.

Et il commença à souffler de toutes ses forces.

Plus le vent faisait d'effort, plus le cavalier serrait son kaftan; il grognait contre le vent; mais il allait plus loin, toujours plus loin.

Le vent se fâcha, déchaîna sur le voyageur pluie et neige; mais celui-ci s'entoura de sa ceinture et ne s'arrêta pas.

Le vent comprit qu'il n'arriverait pas à lui arracher son kaftan. Le soleil sourit, se montra entre deux nuages, sécha et réchauffa la terre, et le pauvre cavalier, qui se réjouissait de cette douce chaleur, ôta son kaftan et le mit sous lui.

— Vois-tu, dit alors le soleil au vent malveillant, avec le bien on obtient plus qu'avec le mal.

LE PLUS INTELLIGENT DOIT CÉDER.

Deux cavaliers se rencontrèrent un jour sur un chemin très-étroit où tous deux ne pouvaient passer de front. L'un des deux devait donc céder la place à l'autre, mais tous deux s'entêtèrent, et ils allèrent jusqu'à s'injurier; enfin l'un dit à l'autre :

— Écoute! je te conseille de me laisser passer, sans cela je te traiterai de la même façon que j'ai traité jadis un entêté qui me résistait.

L'autre, effrayé de cette menace, laissa

le chemin libre; mais comme le cavalier s'éloignait, il lui demanda ce qu'il lui aurait fait s'il n'avait pas voulu céder.

— Dis-moi, lui dit-il, que fis-tu à cet entêté qui te résistait?

— L'autre était très-entêté, plus entêté encore que toi; voyant que je ne pouvais rien obtenir de lui, je me décidai à... à le laisser passer.

SOUKHMAN

BALLADE

Chez le bienveillant duc Vladimir
On festoyait, — on festoyait en l'honneur
Des boyards, des princes, des nobles chevaliers.
Et pendant ce festin, tous vantaient leurs vertus :
L'un vantait ses richesses,
L'autre vantait son coursier,
Le fort vantait sa force,
Le sot vantait sa jeune femme,
Le sage, enfin, vantait sa vieille mère.
A table, — absorbé dans ses pensées,
Seul, le chevalier Soukhman
Ne se vantait de rien.
Vladimir, — le Duc, — le beau Soleil,
Dans la grande salle se promène,
Secouant sa chevelure blonde,
Et tient à Soukhman ce discours :
— Et pourquoi, chevalier, restes-tu rêveur?
Pourquoi ne manges-tu pas, ne bois-tu pas?
Pourquoi ne goûtes-tu pas au cygne blanc,
Et ne te vantes-tu de rien à ce festin?
Et Soukhman dit les paroles suivantes :
— Puisque tu l'ordonnes, je vais me vanter !
Et je vais t'amener un cygne blanc,

Non pas blessé, non pas ensanglanté,
Mais vivant, entre mes mains.
Et Soukhman se dressa sur ses jambes agiles,
Et harnacha son beau cheval;
Il s'en alla, Soukhman, vers la mer bleue,
Vers la mer bleue, — vers la baie calme.
Et arriva, Soukhman, vers la première baie
Et n'y trouva pas le cygne blanc.
Il s'en alla, Soukhman, vers une autre baie
Et n'y trouva ni oie ni cygne;
Et pas davantage à la troisième baie
Il n'y avait d'oie grise ni de cygne blanc.
Alors, Soukhman resta perplexe :
— Comment retournerai-je à la belle ville de Kiev?
Que dirai-je au grand-duc Vladimir?
Il s'en alla vers la rivière Dniéper,
Et trouva le Dniéper tout troublé,
Tout changé dans son aspect;
L'eau y était chargée de sable.
Alors, Soukhman demanda au Dniéper fleuve :
— Pourquoi, fleuve, es-tu ainsi?
Ton aspect n'est plus comme autrefois,
Ton eau est mêlée de sable.
Et le fleuve Dniéper lui répondit :
— Mon aspect n'est plus comme autrefois,
Parce que, derrière moi, fleuve Dniéper,
Arrivent quarante mille Tartares,
Qui construisent des ponts du matin au soir,
Et ce qu'ils font le jour, je l'emporte la nuit.
Mais mes forces sont épuisées.
Alors Soukhman dit les paroles suivantes :

— Où serait mon honneur de chevalier,
Si je ne mesurais mon courage avec la force tartare?
Et il lança son fier coursier;
Il passa le fleuve Dniéper
Sans mouiller le sabot de son cheval.
Il courut, Soukhman, près d'un vieux chêne,
Près d'un chêne tout rabougri.
Il arracha l'arbre et ses racines,
Un suc blanc coula du chêne.
Il prit le chêne comme un gourdin,
Et lança sa monture contre les Tartares.
Il tourna, retourna, Soukhman,
Levant et brandissant son gourdin.
Quand il frappait en avant, c'est toute une rue qu'il rasait,
Et en arrière, il détruisait une ruelle.
Il extermina ainsi, Soukhman, tous les ennemis.
Trois jeunes Tartares seulement s'enfuirent
Dans les arbustes, sous les ormes;
Ils se cachèrent au bord du Dniéper.
Soukhman s'approcha du fleuve,
Et de leur cachette, les trois Tartares
Lancèrent à Soukhman trois flèches
Qui frappèrent ses côtes et trouèrent sa peau blanche.
Soukhman, — la Lumière, — retira les flèches
De ses côtes, de ses plaies ensanglantées,
Qu'il boucha de feuilles de coquelicot;
Et il égorgea les trois petits Tartares.
Soukhman revint chez le duc Vladimir.
Il attacha son cheval à un poteau,
Et lui-même entra dans la salle du festin.
Vladimir, — le Duc, — le beau Soleil!

Se promène à travers la salle
Et demande au chevalier Soukhman :
— Eh bien, Soukhman, tu ne m'apportes pas
Un cygne blanc non ensanglanté?
Et Soukhman dit les paroles suivantes :
— Hoï [1], Vladimir-le-Duc, au bord du Dniéper
Ce n'est pas aux cygnes que j'avais à penser.
Je rencontrai au delà du fleuve Dniéper
Une force armée de quarante mille
De méchants Tartares qui marchaient sur la ville de Kiev.
Ils construisaient des ponts, du matin au soir,
Et la rivière Dniéper les emportait la nuit,
Mais elle était à bout de forces.
Je lançai alors mon cheval contre ces Tartares,
Et je les battis tous jusqu'au dernier.
Vladimir, — le Duc, — le beau Soleil,
N'eut pas confiance en ces paroles.
Il ordonna à ses fidèles serviteurs
De prendre Soukhman par ses bras blancs,
Et de l'enfermer dans de profonds caveaux.
Et il envoya vers le Dniéper Dobrynouchka [2]
Pour se convaincre des exploits de Soukhman.
Dobrynouchka se dressa sur ses jambes agiles,
Il harnacha son rapide coursier,
Il courut dans les champs jusqu'au fleuve.
Là il vit, gisant à terre, une force armée
De quarante mille guerriers exterminés.

---

[1] Exclamation ancienne chez les Slaves, employée en s'adressant aux grands seigneurs.
[2] Nom d'un chevalier athlète.

Et, auprès d'eux, le chêne avec ses racines,
L'arbre fendu en mille lattes.
Dobrynouchka soulève le chêne
Et l'apporte au duc Vladimir,
Et lui parle en ces termes :
— Il se vante de la vérité, Soukhman.
Derrière le fleuve Dniéper, j'ai vu gisant
Quarante mille méchants Tartares,
Et le gourdin de Soukhman
S'est fendu à ce terrible massacre.
Alors, Vladimir-le-Duc ordonne à ses serviteurs
D'aller dans les profonds caveaux,
D'en faire sortir, au plus vite, Soukhman,
De l'amener devant ses yeux limpides.
Et dit Vladimir : — Pour ses services si grands,
Je comblerai de bienfaits ce brave chevalier :
Je lui donnerai pour toujours,
Des villes avec leurs faubourgs,
Des bourgs avec leurs villages,
Des richesses sans mesure.
Ils vont dans les caveaux profonds,
Les fidèles serviteurs, chercher Soukhman,
Et ils lui tiennent ce discours :
— Sors, chevalier Soukhman, du caveau;
Vladimir-le-Duc te gracie.
Pour tes glorieux exploits,
Notre Soleil veut t'accorder
Des villes avec leurs faubourgs,
Des bourgs avec leurs villages,
Des richesses sans mesure.
Il sortit, Soukhman, dans les champs,

Et il dit les paroles suivantes :
— Hoï! Vladimir, — le Duc, — le beau Soleil,
Tu devais à temps me témoigner ta reconnaissance,
Tu devais à temps me combler,
Car, maintenant, tu ne me verras plus,
Tu ne regarderas plus mes yeux limpides.
Et Soukhman retira de ses plaies
Les feuilles de coquelicot;
Et il dit, Soukhman, — la Lumière :
— Coule, mon sang, deviens rivière!
Mon sang vermeil! sang inutile!
Coule, Soukhman! Ah! Soukhman, rivière,
Sois du Dniéper, fleuve, la sœur.

TABLE DES MATIÈRES

	Pages.
Pour être lu avant le livre.	1
Comment Emelka Pougatchev me donna une pièce d'argent. Histoire vraie.	9
Le juge habile. Conte.	16
Comment le moujik partagea l'oie. Conte.	25
Trois amis.	28
Le moujik et le cheval.	30
Les richesses que Dieu donne à l'homme.	31
Le tzar et la chemise.	32
Deux moujiks.	35
La puce et la mouche. Conte.	36
Le loup et l'écureuil. Fable.	39
Il vaut mieux montrer l'exemple que commander.	40
L'habit neuf du tzar. Conte.	41
Le lion et le renard. Conte.	44
L'Indien et l'Anglais. Histoire vraie.	45
Les pêches.	47
Pourquoi un moujik aima son frère aîné. Histoire vraie.	51
Le plus bel héritage. Fable.	54
Les trois voleurs. Histoire vraie.	56
Comment un voleur se trahit. Histoire vraie.	60
Les trois camarades. Conte.	62
Les punaises. Conte.	63
Les deux marchands. Fable.	66

	Pages.
Le requin. Récit...................	69
Le vizir Abdoul. Fable...............	72
Un noyau. Histoire vraie...............	74
La petite fille et les champignons. Histoire vraie.	76
Le mouvement perpétuel. Histoire vraie.....	79
Comment un moujik fit disparaître un bloc de pierre. Histoire vraie..............	83
Le gilet. Histoire vraie...............	85
La réussite. Histoire vraie.............	87
Le partage de l'héritage. Fable..........	88
Un fils savant. Fable................	89
Le baba et la poule. Fable.............	90
La pierre. Histoire vraie..............	91
La vitesse et la force. Histoire vraie.......	93
Cambyse et Psamménite. Histoire vraie.....	95
Un père et ses fils. Conte..............	98
Histoire d'un moineau. Histoire vraie.......	99
Le saut. Conte....................	105
Une punition sévère. Conte.............	110
Le moujik et l'esprit des eaux. Conte.......	112
Le frère du tzar. Conte................	114
L'aveugle et le lait. Conte..............	115
La souris petite fille. Conte.............	117
Lipouniouchka. Conte................	120
Soudoma. Conte...................	125
La princesse aux cheveux d'or. Légende.....	127
Les deux frères. Conte................	131
La couleuvre. Conte.................	136
La vache et le bouc. Conte.............	142
Le héron, les poissons et l'écrevisse. Conte....	144
Le corbeau et le renard. Fable...........	146
Le veau sur la glace. Fable.............	147
Les chacals et l'éléphant. Fable..........	149
Les lièvres et les grenouilles. Fable........	151
La souris dans la grange. Fable..........	152

	Pages.
Le loup et la poussière. Fable.	153
Le chien enragé. Histoire vraie.	154
Le lion et le chien. Histoire vraie.	158
Le renard et le bouc. Fable.	161
Le jeune cerf et son père. Fable.	162
Le moujik et le cheval. Fable.	163
Le lion, l'ours et le renard. Fable.	165
La grenouille et le lion. Fable.	166
L'éléphant. Fable.	167
Le singe et le pois. Fable.	168
Le cerf. Fable.	169
Le chien et le loup. Fable.	170
Le loup et l'arc. Fable.	171
Le loup et le moujik. Fable.	173
Comment le loup dresse ses petits. Conte.	179
Le faucon et le coq. Fable.	181
Le moineau et les hirondelles. Récit.	183
La pie et les pigeons. Fable.	185
Le tzar et le faucon. Fable.	186
Le choucas. Fable.	188
Le canard et la lune. Fable.	190
Le lièvre et les hiboux. Fable.	191
Le corbeau et ses petits. Fable.	193
La poule et ses poussins. Conte.	196
L'impératrice chinoise Sillintchy. Histoire vraie.	197
Comment les Boukhariens apprirent à élever le ver à soie. Histoire vraie.	198
Les Esquimaux. Description.	200
La rosée.	203
L'assemblée l'a décidé.	205
Les deux Juifs.	206
Un riche pauvre.	208
Le rôle le plus difficile.	212
Les deux Gels.	216
Le plus riche des hommes.	

	Pages.
La première loi	225
Belle la gagne, belle la dépense	226
Le jugement du renard	235
Le moujik et le fleuve	237
La source	239
Le soleil et le vent	241
Le plus intelligent doit céder	243
Soukhman. Ballade	245

PARIS

TYPOGRAPHIE DE E. PLON, NOURRIT ET Cie

Rue Garancière, 8.

www.ingramcontent.com/pod-product-compliance
Lightning Source LLC
Chambersburg PA
CBHW070633170426
43200CB00010B/2000